财政部规划教材

全国高职高专院校财经类教材

统计学基础

李静　彭明强　主编

中国财经出版传媒集团

中国财政经济出版社

图书在版编目（CIP）数据

统计学基础／李静，彭明强主编．—北京：中国财政经济出版社，2018.8
财政部规划教材　全国高职高专院校财经类教材
ISBN 978－7－5095－8357－9

Ⅰ.①统…　Ⅱ.①李…②彭…　Ⅲ.①统计学－高等职业教育－教材　Ⅳ.①C8

中国版本图书馆 CIP 数据核字(2018)第 140092 号

责任编辑：张　铮　　　　责任校对：张　凡
封面设计：孙丽铭

本书微网站

扫描微网站二维码

获取教学配套资源和内容更新

不断添加中……

中国财政经济出版社出版
URL：http：//www. cfeph. cn
E－mail：cfeph @ cfeph. cn

社址：北京市海淀区阜成路甲 28 号　邮政编码：100142
营销中心电话：010－88191537　北京财经书店电话：64033436　84041336
北京鑫海金澳胶印有限公司印刷　　各地新华书店经销
787×1092 毫米　16 开　9.25 印张　222 000 字
2018 年 8 月第 1 版　2020 年 8 月北京第 2 次印刷
定价：22.00 元
ISBN 978－7－5095－8357－9
（图书出现印装问题，本社负责调换）
本社质量投诉电话：010－88190744
打击盗版举报热线：010－88191661　QQ：2242791300

前言

本书是财政部规划教材，由财政部教材编审委员会组织编写并审定，作为全国高职高专院校财经类教材使用。

统计学是财经类专业的核心课程之一，是一门理论性和实用性很强的科学。根据高职高专人才培养的目标要求，更好地适应“以就业为导向”的现代高职教育新型模式的需要，如何根据广大学生学习统计学的需要，让学生全面而扎实地掌握统计学的基本理论、方法和技能是许多统计学教科书编著者所关心和思索的问题。本书编者由于多年从事统计课程的一线授课，在总结多年教学经验，吸收同类教材的优点的基础上结合高职高专学生学习的特点和今后就业的需要，编写了这本《统计学基础》教材。本书主要特点体现以下几个方面：

1. 以培养学生的实际应用能力为目的。框架体系按照实际统计工作的完整过程——统计调查、统计整理、统计分析的顺序展开。全书共八个项目，主要内容包括：统计基础知识、搜集统计资料、整理统计资料、统计常用指标、认知动态分析、认知统计指数分析、认知抽样推断分析、认知相关分析与回归分析。每一项目按任务分解，任务按照情景导入，最后围绕任务通过操作示范使学生在学习知识的基础上掌握操作方法以提高应用的能力。

2. 编写形式上采用了“栏目式”编写模式。安排了项目引领、项目目标、项目介绍，按任务分解项目，任务导入通过知识的讲解，操作示范来实施任务的完成，集讲、学、练于一体，以尽可能适应教师精讲、学生多练的的新型教学方式的需要。

3. 贯彻以学生为中心的教育理念。在项目教学，任务导入的教学过程中，以小组接受任务开始，引起学生的兴趣和注意力，从而帮助学生深入理解所学内容，培养其分析问题与解决问题的能力。

4. 适应高职高专的适度和够用的需求。从广知识、厚基础、重实践出发，贯彻少而精原则，在这方面作了有益的探索，突出了重点和难点，精选基础知识，强调核心内容，开篇舍去了统计的产生与发展篇幅，直接进入了统计基础知识部分。

5. 每个项目设计的“项目介绍”，能够使读者一目了然，为读者提供了一个直观的内容展示，便于读者把握本章的内容线索和重点，注重内容的新颖与实用，本书语言通俗易懂，层次清晰。

本书由李静、彭明强担任主编，柴光林、王婧担任副主编，全书由李静和柴光林设计框架和制订大纲。各项目编写人：王婧编写项目一，王翠编写项目二，李静编写项目三，柴光林编写项目四，李静编写项目五，彭明强编写项目六，王翠、王婧编写项目七，宁艳编写项目八。

本书为用书学校任课老师提供了课后习题答案和电子课件，如有需要，请登录中国财经教育网（http：//cjjc. cfeph. cn 或 www. zgcjjy. com）下载，或通过 caijingjiaocai@ 163. com 索取。

本书编写过程中，参考了大量的文献、专著、统计教材、中国统计年鉴以及权威网站的资料，在此向有关作者表示衷心的感谢。由于作者的水平和时间有限，本书难免有不足之处，敬请广大读者和有关专家批评指正。

编　者

2018 年 8 月

目　录

项目一
统计基础知识

统计基础知识是认识了解统计的起点，通过本项目的学习可使大家充分认识到统计在社会经济发展中的作用，并通过统计概念的界定、统计特点和工作流程的阐述，更形象地了解统计的功能和使用范围，最后通过统计中的基本概念的讲解为后续统计具体方法的学习奠定基础。

学习目标

1. 了解统计的含义和特点。
2. 明确并独立阐述统计工作过程。
3. 掌握并能区分统计中基本概念。

项目介绍

项目一主要带领大家走入统计并深入了解统计的基础知识，共分为两个任务展开叙述。

任务一
认识统计工作与统计学

任务二
统计学中的基本概念

任务一　认识统计工作与统计学

【任务介绍】

◇ 统计概念

◇ 统计特点

◇ 统计工作过程

【任务目标】

◇ 了解统计的三层含义及关系
◇ 掌握统计的四个特点
◇ 能独立解释统计工作过程

【任务导入】

认识《统计年鉴》

《中国统计年鉴》是国家统计局编制的年度数据汇总刊物，每一年统计年鉴收录上一年全国和各省、自治区、直辖市每年经济和社会各方面大量的统计数据，以及历史重要年份和近20年的全国主要统计数据，是我国最全面、最具权威性的综合统计年鉴。以《中国统计年鉴2018》为例，其收录了2017年全国社会经济各方面数据，同时也保留以前年份重要数据。年鉴正文内容一般分为20余个篇章，于不同年份根据经济社会发展的不同情况略有调整。如：(1) 行政区划和自然资源；(2) 综合；(3) 国民经济核算；(4) 人口；(5) 就业人员和职工工资；(6) 固定资产投资；(7) 能源；(8) 财政；(9) 价格指数；(10) 人民生活；(11) 城市概况；(12) 环境保护；(13) 农业；(14) 工业；(15) 建筑业；(16) 运输和邮电；(17) 国内贸易；(18) 对外经济贸易；(19) 旅游；(20) 金融业；(21) 教育和科技；(22) 文化、体育和卫生；(23) 其他社会活动；(24) 香港特别行政区主要社会经济指标；(25) 澳门特别行政区主要社会经济指标等。同时附录两个篇章：台湾省主要社会经济指标和我国经济、社会统计指标同世界主要国家比较。为方便读者使用，各篇章前设有《简要说明》，对该篇章的主要内容、资料来源、统计范围、统计方法以及历史变动情况予以简要概述，篇末附有《主要统计指标解释》。同学们可以登录“中国国家统计局”网站查看并使用统计年鉴各年份的数据来分析某事物和现象的发展情况。

我们来关注下中国人口年龄结构和抚养比数据：见表1－1（截图自《中国统计年鉴2017》）：

表1－1　　人口年龄结构和抚养比　　单位：万人

年份	总人口（年末）	按年龄组分						总抚养比（%）	少儿抚养比（%）	老年抚养比（%）
		0－14岁		15－64岁		65岁及以上				
		人口数	比重（%）	人口数	比重（%）	人口数	比重（%）			
1982	101654	34146	33.6	62517	61.5	4991	4.9	62.6	54.6	8.0
1987	109300	31347	28.7	71985	65.9	5968	5.4	51.8	43.5	8.3
1990	114333	31659	27.7	76306	66.7	6368	5.6	49.8	41.5	8.3
1991	115823	32095	27.7	76791	66.3	6938	6.0	50.8	41.8	9.0
1992	117171	32339	27.6	77614	66.2	7218	6.2	51.0	41.7	9.3

续表

年份	总人口(年末)	按年龄组分						总抚养比(%)	少儿抚养比(%)	老年抚养比(%)
		0－14 岁		15－64 岁		65 岁及以上				
		人口数	比重(%)	人口数	比重(%)	人口数	比重(%)			
1993	118517	32177	27.2	79051	66.7	7289	6.2	49.9	40.7	9.2
1994	119850	32360	27.0	79868	66.6	7622	6.4	50.1	40.5	9.5
1995	121121	32218	26.6	81393	67.2	7510	6.2	48.8	39.6	9.2
1996	122389	32311	26.4	82245	67.2	7833	6.4	48.8	39.3	9.5
1997	123626	32093	26.0	83448	67.5	8085	6.5	48.1	38.5	9.7
1998	124761	32064	25.7	84338	67.6	8359	6.7	47.9	38.0	9.9
1999	125786	31950	25.4	85157	67.7	8679	6.9	47.7	37.5	10.2
2000	126743	29012	22.9	88910	70.1	8821	7.0	42.6	32.6	9.9
2001	127627	28716	22.5	89849	70.4	9062	7.1	42.0	32.0	10.1
2002	128453	28774	22.4	90302	70.3	9377	7.3	42.2	31.9	10.4
2003	129227	28559	22.1	90976	70.4	9692	7.5	42.0	31.4	10.7
2004	129988	27947	21.5	92184	70.9	9857	7.6	41.0	30.3	10.7
2005	130756	26504	20.3	94197	72.0	10055	7.7	38.8	28.1	10.7
2006	131448	25961	19.8	95068	72.3	10419	7.9	38.3	27.3	11.0
2007	132129	25660	19.4	95833	72.5	10636	8.1	37.9	26.8	11.1
2008	132802	25166	19.0	96680	72.7	10956	8.3	37.4	26.0	11.3
2009	133450	24659	18.5	97484	73.0	11307	8.5	36.9	25.3	11.6
2010	134091	22259	16.6	99938	74.5	11894	8.9	34.2	22.3	11.9
2011	134735	22164	16.5	100283	74.4	12288	9.1	34.4	22.1	12.3
2012	135404	22287	16.5	100403	74.1	12714	9.4	34.9	22.2	12.7
2013	136072	22329	16.4	100582	73.9	13161	9.7	35.3	22.2	13.1
2014	136782	22558	16.5	100469	73.4	13755	10.1	36.2	22.5	13.7
2015	137462	22715	16.5	100361	73.0	14386	10.5	37.0	22.6	14.3
2016	138271	23008	16.7	100260	72.5	15003	10.8	37.9	22.9	15.0

【任务分析】

通过 1982 年～2016 年部分人口年龄构成数据显示，我们可以直观看出中国人口年龄构成比例自 1982 年前后 65 岁以上人口占比从 4.9% 逐渐提升，到 2014 年前后比例提升至 10% 以上，而 0～14 岁儿童比例逐年降低，2011 年后稳定在 16% +。人口增速减慢，老龄化问题突出由此可见。

【提出问题】

以上数据均是重要的统计资料，是统计工作的成果，那么统计工作如何开展呢，使用哪些统计方法呢？统计工作包括哪些环节和步骤呢？这些基础问题的解决是同学们了解统计，运用统计工具的前提。接下来我们一起来学习统计学的基础知识吧。

【知识准备】

一、统计的含义和特点

（一）统计含义

统计包括三层含义：统计工作、统计资料和统计学，反映了统计作为一个完整的工作过程与工作的成果、统计实践与统计理论之间的辩证统一关系。（图 1－1）

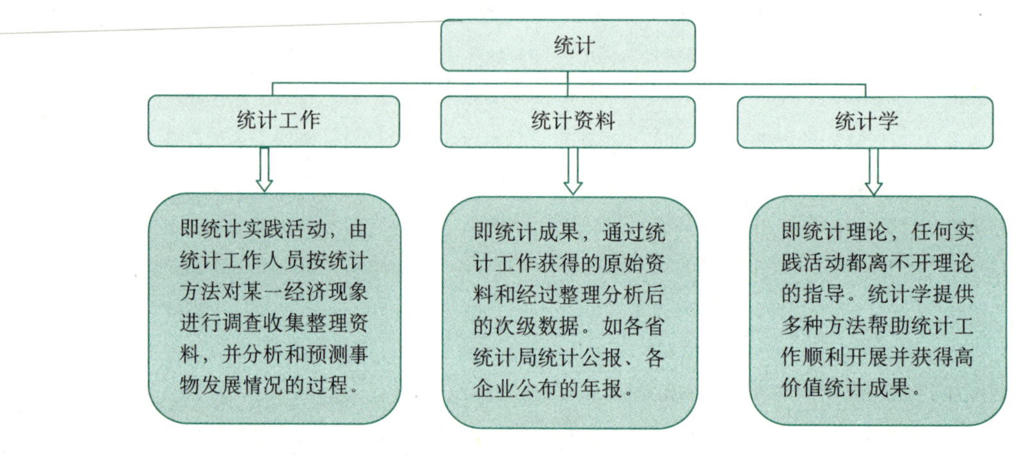

图 1－1

（二）统计的特点

统计工作是一项对社会经济现象进行调查研究的实践活动，具有数量性、总体性、具体性和社会性四个方面的主要特征，是统计工作区分于其他类型调查的主要特点。

1. 数量性。

数量性是统计的首要特点。统计研究的主要是社会经济领域中各类现象的数量方面特征及数量关系。任何事物都包含质和量两方面，二者共同决定着事物的特性和发展方向，事物的数量是我们认识客观现实的重要方面，统计通过研究数量方面认识事物的量进而认识事物的质。因此，统计调查获得大量的数据统计资料，经过分析和研究进而掌握统计规律性，以达到我们统计分析研究的目的。

例如我国人口普查，通过获得的人口总数，不同年龄和性格比例的构成，出生率和死亡率等数据信息，分析得到我国人口增加和发展的规律，进而制定合理的人口政策，为社会经济发展搭建可持续的稳固基础。

2. 总体性。

统计研究的是社会经济现象总体的数量方面，而非个体特征。统计研究是对总体普遍存在着的事实进行大量观察和综合分析，进而得出反映现象总体的数量特征和规律的活动。总体中个体间存在较大差异，统计研究是从个体的实际表现中寻找其共同点，从而过渡到对总体的数量研究。例如，对工资的统计分析中，我们通常不是分析和研究个别人的工资，而是要反映和分析一个地区、一个部门或一个企事业单位的总体的工资情况和规律。

3. 具体性。

统计研究的是社会经济领域中具体现象的数量方面。即它不是纯数量的研究，而是有明确的现实涵义的，这一特点是统计学与数学的分水岭。数学是研究事物的抽象空间和抽象数量的科学，而统计学研究的数量是客观存在的、具体实在的数量表现。统计研究对象的这一特点，也正是统计工作必须遵循的基本原则。例如“收入 20170 元”即为一个纯数学的抽象数据，而在统计中无具体意义；而“2017 年河南省居民人均可支配收入 20170 元”则是有具体时间、地点和条件的具体数据，该数据即可作为重要的统计资料分析和研究河南省收入变化的现象。

4. 社会性。

统计的社会性主要体现在三个方面：一是统计的认识对象是社会经济现象的数量方面，因此统计本身也就有了社会性。二是从事统计工作的人员其不同的生活环境和经历形成了不同的世界观、人生观和价值观，从而决定了认识立场和认识结论上的社会性；三是一切社会经济活动都与人的利益有关，不同的阶级和人群有着不同的利益关系，因此人们相互间的利益分割和利益冲突，必将在统计上显示出来。统计为一定的阶级和一定的社会集团服务。因此，我们说，统计具有社会性。

因统计具有社会性特点，因此在开展统计工作中统计工作人员更要加强职业道德修养，注意数据的准确性，体现出统计是对客观实际的反映。不能因某一阶层利益而歪曲事实，随意夸大和缩小统计数据和信息。

二、统计工作过程

一项完整的统计工作任务从开始到完成要经历四个工作过程，即统计设计、统计调查、统计整理和统计分析。这四个阶段，是从定性认识开始，经过定量认识，再到定性认识的循环往复的过程。

（一）统计设计

统计设计是统计认识过程的第一阶段，即定性认识的阶段，是根据研究对象的特点和研究的目的，对统计工作各个环节的计划和安排。统计是一项需要高度集中统一的工作，没有科学的规划设计和具体的工作规范，就难以达到预期的目的。因此在一项大规模的统计活动开始前，需先进行统计设计。统计设计内容包括确定调查对象、调查项目、调查方法和组织形式等各方面的内容。

（二）统计调查

统计调查是统计认识过程的第二个阶段，是定量认识的阶段。根据统计研究的对象和目的以及统计设计的要求，有计划、有目的、有组织地搜集统计原始资料。统计工作所需的各种数据都直接来自于统计调查，管理者和决策者都需要根据统计信息进行管理和决策，科研工作者也需要根据统计调查得到的资料进行科学研究。因此调查是统计的基础，没有调查，就没有发言权。调查的方式方法主要有统计报表制度、普查、抽样调查、典型调查、重点调查等。

（三）统计整理

统计整理，是统计认识过程的第三阶段，是指根据统计研究的目的，将统计调查得到的原始资料（和次级资料）进行科学的分类和汇总，使其条理化、系统化的工作过程。主要目的是为统计分析阶段准备统计资料，统计整理的直观结果即为各种统计表和统计图。

（四）统计分析

统计分析，是统计认识过程的最后阶段，是统计认识的定性阶段。即在统计整理的基础上，根据研究目的和任务，利用科学的统计分析方法，对研究对象的数量方面进行计算、分析。统计认识的结论即从统计分析中得出，目的是揭示统计研究的对象的状况、特点、问题、规律性等。

任务二　统计学中的基本概念

【任务介绍】

◇ 统计总体与总体单位
◇ 标志与指标
◇ 变异与变量

【任务目标】

◇ 掌握统计总体与总体单位的概念和关系
◇ 了解统计总体的特征
◇ 掌握标志与指标的概念和关系
◇ 掌握变异和变量的概念

【任务导入】

“先锋”学习小组接受一项任务，去了解2017年红星公司100名员工的基本情况，专门做了一次问卷调查，对员工的性别、工作类型、接受教育年数、开始工作时的工资、受聘后的工作时间、以前工作经历（时间）以及现在年工资进行了调查登记，现将调查的部分员工的资料登记如表1－2所示。

表1－2　　红星公司100名员工基本情况资料

员工序号	性别	工作类型	接受教育年数	开始工作时的工资（元/年）	受聘后的工作时间（月）	以前工作经历（月）	现在工资（元/年）
1	女	1	15	46800	98	137	85100
2	男	2	12	43500	97	66	67300
3	男	1	12	45000	97	24	100800
4	男	3	15	44250	97	48	106000
5	男	1	12	44250	97	103	102300
6	女	1	12	41550	97	48	66250
7	女	1	16	45000	97	17	88850
8	男	2	12	42750	97	315	61750
9	女	2	15	41100	97	75	64000
10	女	1	12	30000	97	124	46950
⋮	⋮	⋮	⋮	⋮	⋮	⋮	⋮
93	女	2	15	30000	97	171	61150
94	男	1	15	42600	96	14	81050
95	男	1	15	44250	96	43	82550
96	男	1	15	44250	96	54	81200
97	男	3	12	44250	96	83	86150
98	男	3	15	45000	96	68	102000
99	女	1	8	41250	96	52	81350
100	男	3	12	43500	96	113	69100

【任务分析】

上述统计调查案例中，我们可以看出，对红星公司的100位员工分别从多个方面进行调查，这些方面都是说明每一位员工的基本特征的名称。

红星公司现有员工100名，所有100名员工的现在年工资加起来是总工资，说明了100

名员工作为整体的工资情况，而平均工资也是说明这 100 名员工有关工资收入方面的数据，即这些数据都是说明整体特征的数值。

思考问题

从“先锋”学习小组搜集的红星公司 100 名员工基本情况（表 1 - 2），都涉及到统计中的那些问题呢？

【知识准备】

一、统计总体与总体单位

（一）统计总体与总体单位的概念

统计总体是指客观存在的，在同一性质基础上结合起来的许多个别事物的整体，简称总体。例如，在研究某一地区全部工业企业时，某一地区的所有工业企业就是一个总体，它是由该地区每一个工业企业构成，每个工业企业的经济职能是相同的，即都是进行工业生产经营活动的基本单位。

如果一个统计总体中所包括的总体单位数是有限的，则称为有限总体。例如，在一定时点上的人口总数、班级人数、工业企业总数等。对于有限总体，既可以进行全面调查，也可以进行非全面调查。如果一个统计总体中所包括的总体单位数是无限的，则成为无限总体。例如，连续大量生产某种零件时，其总产量是无限的，因此就构成了一个无限总体。对于无限总体，不能进行全面调查，只能抽取一部分总体单位进行非全面调查，根据样本数据推断总体特征。

总体单位是指构成统计总体的每一个个体。例如，在研究某一地区全部工业企业时，其中各个工业企业都是总体单位。再如，上述调查案例中该公司的每个员工就是总体单位，按 1，2，3，……，100 号顺序排列，比如 5 号员工、99 号员工等，他们都是该公司员工这个总体的一员。

◆ 实例分析 [1 - 1]

上述调查案例中，红星公司 100 名员工就是一个总体，它是由该公司的每一位员工构成，其共同点都是该公司的员工，每一位员工就是总体单位。

（二）统计总体的特征

作为统计总体需要同时具备大量性、同质性、变异性三个特征。

1. 大量性。

即构成统计总体的总体单位数目要足够多。总体必须具备大量性，这是因为构成总体的个别单位的表现是多种多样的，只对少数单位进行观察，其结果难以反映总体的本质特征。总体的本质特征只有对众多的个别单位进行综合观察时才能反映出来。以上统计调查案例中的每个总体单位都是“红星公司的每一位员工”，而公司现有员工是 100 名，当然具备足够多数，也算是大量的了。

大量性是组成总体的基本前提，总体的大量性是相对于个别事物或极少数事物而言的，有一定的相对性。大量性的多少，取决于两点：一是和统计研究精度有关，调查要求精确程度高，就需要尽可能地增加个别单位，反之则可少一些；二是和总体中个别单位之间的差距程度有关，如果每个个别单位之间都存在着显著的差别，那么就需要尽可能地增加个别单位，以减少偏差，取得准确可靠的结果。

2. 同质性。

它是指总体中所包含的每个总体单位至少要有一个方面是相同的。以上统计调查案例中的每个总体单位都是“红星公司的每一位员工”，没有一个是公司以外的员工，就这一点来说，他们都是相同的，这就是统计总体同质性的基本内涵。再如，在某一地区工业企业这一总体中，每一家企业都必须具有“工业”这一共同特征，凡不具备“工业”这一性质的企业都不能进入这一总体。同质性是统计总体的根本特征，是个体构成总体的前提。

同样，总体的同质性也是相对的。在不同的研究条件下，对总体的同质性有不同的规定。例如，研究某市企业基本情况时，则总体是由全市企业组成的，这时同质性只要求把具有“企业”特征的单位结合起来组成总体，而不强调是工业企业，还是商业企业，或是其他企业。

3. 差异性（或称变异性）。

它是指统计总体的各个单位之间有一个或若干个不同的性质的特征或数量特征，从而表现出的差异。例如，在某市工业企业这一总体中，每一家工业企业在所有制形式、业务类型、职工人数、销售额等方面都存在差异，这种差异是普遍存在的，所以才需要对大量的个别单位进行调查和统计。再如，在以上红星公司统计调查案例中，说明每个员工基本情况的调查项目有性别、工作类型、接受教育年数、开始工作时的工资、受聘后的工作时间、以前工作经历（时间）和现在的工资水平等，每个被调查员工在这些调查项目上的表现是不完全相同的。如果总体中每一个个别单位在所有方面都表现出共同性，就没有必要对个别单位进行统计调查，而只研究其中某一个个别单位就可以说明总体特征了，实际上这种情况几乎不可能出现，因此，可以说差异性构成了总体研究的主要内容。

由上面的阐述可见，组成总体的三个特征是密切相连的。同质性是组成总体的根本条件，大量性是组成总体的基本前提，差异性是总体研究的主要内容。

（三）统计总体与总体单位的关系

构成总体的每一个个别单位，被称为总体单位。原始资料就是从总体单位取得的，总体单位是各项调查项目的直接承担者。例如，为了了解某市的工业企业的基本情况，首先要做的是对每家工业企业的属性和数量加以登记；其次才是经过汇总和综合，来说明该市工业企业这一总体的基本情况。

总体和总体单位之间的关系如表 1－3 所示：

表 1－3　总体和总体单位之间的关系

区别和联系	具体内容	总体	总体单位
区别	侧重点不同	反映事物的总体	反映事物的个体
	反映资料不同	二手资料	原始资料
联系	随着研究目的的不同，总体与总体单位可以互相转化。例如，对某市工业企业进行普查，则每一家工业企业都是总体单位；若研究这一个工业企业的规模时，则该企业就是总体		

二、标志与指标

（一）标志

1. 什么是标志？

标志是说明总体单位的属性和特征的名称。在某市工业企业这一总体中，有的企业是国有的，有的企业是股份制的，还有的是私有的，无论是国有的、股份制、还是私有的，我们都可以用“所有制性质”这一名称对此说明。“所有制性质”是说明总体单位属性的名称，因而是标志。再如，每家工业企业分别有 600 人、500 人、400 人……尽管这些数量有所不同，但我们可以用“职工人数”这一名称说明这些不同数量。“职工人数”是说明总体单位数量特征的名称。再如，上述调查案例中“性别”，被调查者可以在男、女两个答案中作出符合自己特征的准确选择，因而也是标志。

2. 标志的分类。

标志按其性质不同，可以分为品质标志与数量标志两种。品质标志是说明总体单位属性一类的名称。例如，以上在研究某市全部工业企业时，其中各个工业企业都是总体单位，那么，每个具体企业的所有制性质（国有、股份制、私有等）、企业的类型（大型、中型、小型等）属于品质标志，它们表现的是具体属性，只用文字而不用数字描述；数量标志是说明总体单位数量特征的名称，例如，具体企业的产品产量（999 万吨）、产值（999 万元）属于数量标志；它们表现的数量特征只能是数字而不能是文字性内容。

◆ **实例分析 [1－2]**

上述案例中的每一位员工都是总体单位，那么每一位员工的性别、工作类型等标志就属于品质标志；接受教育年数、开始工作时的工资、受聘后的工作时间、以前工作经历（时间）以及现在年工资标志就属于数量标志。

3. 什么是标志表现和标志值。

标志表现是标志的具体表现，是在标志名称之后所表明的属性或数值，通常把具体数字称作标志值。例如，男、女是性别这个品质标志的具体表现（属性），汉族、满族等是民族这个品质标志的具体表现（属性）；999 万吨是产品产量这个数量标志的具体表现（标志值），18 岁是年龄这个数量标志的具体表现（标志值）。其中的性别、民族、产品产量和年龄是标志的名称。

（二）指标

1. 指标的概念。

指标（指统计指标）是说明总体特征的数量化概念，如人口数、土地面积、总产量、销售额。统计学将那些不能表示为数字的名称称作非数量化概念，数量标志就是数量化概念。当数量化概念用来说明总体特征时，就称作统计指标；当数量化概念用来说明总体单位特征时，就称作数量标志。

◆ 实例分析 [1-3]

上述案例中100名员工的年工资加起来共9057625元，平均每个员工的年工资为90576.25元/年；并且还知道员工的男女性别比例是7:3，男员工的平均工资为82425元/年，女员工的平均工资为66263元/年。

那么这些新派生出来的数据都是说明这100名员工作为统计总体的数据，这就是统计指标。

2. 指标的构成要素。

指标是反映总体现象数量特征的概念和具体数值。例如，在研究某一地区全部工业企业时，某一地区的所有工业企业就是一个总体，那么，这个地区所有工业企业2017年总产值98亿元，年末工业企业总数为498个就是统计指标。统计指标一般由指标名称和指标数值两个要素组成，这里的总产值和年末工业企业总数为指标名称，98亿元和498个是指标的具体数值。

◆ 实例分析 [1-4]

上述统计调查案例中，2017年红星公司100名员工的年工资总额9057625元，平均每个员工的年工资为90576.25元/年，这些就是指标的具体数值。

按照这种理解，统计指标概念涵义中除了包括指标名称和指标数值，还包括时间限制、空间限制、计量单位和计算方法具体的构成要素。

3. 指标的种类。

统计指标按照反映总体的数量特点和计算方法不同，分为数量指标和质量指标。

数量指标是说明总体规模大小和数量多少的指标，如职工人数、国民收入和利润额指标等。其特征表现在计算方法上，即不同空间的数值可以相加求和，并且数值大小与总体范围大小呈同方向变化。

质量指标是说明总体内部数量对比关系和一般水平的指标，如平均工资、费用率、发展速度等指标。其特征表现在计算方法上，是指标数字通过相除求商得到的；表现在数量特点上，是不同空间上数字不能直接相加，数值大小与总体范围大小无直接对应关系。

指标按其数值表现的形式来看，可分为总量指标、相对指标和平均指标。总量指标的数值是绝对数形式，一般把数量指标与总量指标等同看待；相对指标的数值是相对数形式；平均指标的数值是平均数形式。上述统计调查案例中，2017年红星公司员工人数100人，年工资收入总额为9057625元，就是两个总量指标，它们是说明公司员工规模和工资总水平的指标；员工的男女性别比例是7:3，就是一个说明比例的相对指标；平均每个员工的年工资为 90576.25 元/年，男员工的平均工资为 82425 元/年，女员工的平均工资为 66263 元/年，这三个指标都是说明收入水平的平均指标。

一般把相对指标和平均指标看作质量指标，是总量指标的派生。通常把这三种指标称为综合指标。

4. 标志与指标的关系如表 1－4 所示：

表 1－4　　　　标志和指标之间的关系

区别和联系	具体内容	标志	指标
区别	说明的对象不同	标志是说明总体单位特征的	指标是说明总体特征的
	划分的种类不同	标志有不能用数值表示的品质标志与能用数值表示的数量标志两种	指标无论数量指标还是质量指标都是数值表示的，没有不能用数值表示的指标
联系	1. 有许多指标的数值是从总体单位的数量标志值汇总而来（汇总关系）。如某一地区所有工业企业的总产值是由所属各工业企业实际产值汇总而来。 2. 指标与数量标志之间存在着转化关系，这种转化关系是伴随总体和总体单位的转化而形成的。例如，当研究某省的自然状况时，某省为总体，其所属各县为总体单位，则各县的人口数是数量标志，将各县的人口数汇总得到该省的人口数，即统计指标；而当研究该省某县的自然状况时，则该省的某县为总体，该县所属各乡为总体单位，那么，该县的人口数就是指标了，此时它反映的是总体的数量特征，它又是由各乡的人口数汇总得到的。		

三、变异与变量

（一）变异

所谓变异，就是指某一标志在总体单位之间的表现有变化、有差别，包括属性的差别和数量的变化。例如，仍用本章案例资料，在红星公司员工这个总体中，年工资是说明该员工总体中每个员工收入水平的标志之一，它在每个员工身上的表现各不相同，有的员工年工资收入可能是 85100 元，也有的员工可能是 63250 元，还有的员工年工资收入可能是 105150 元等，由此可见，变异正是需要进行统计的前提。如果每个人的民族没有差别，都是汉族；每个公司员工的年工资收入没有差别，都是 85100 元，那么就不需要对民族、年工资收入这两个标志进行调查登记。而实际工作中，诸如民族、年工资收入等此类的标志，它们在各个总体单位上的表现是不相同的，所以才需要进行统计。再如，所有制形式这一标志在各企业分别表现为全民所有制、集体所有制、联营等差别就是一种变异。又如，学生人数这一标志在各班级中分别有 40 人、50 人、60 人等变化，也是一种变异。这与总体具有变异特征的含义基本一致。

在总体各单位之间存在着差异的标志，称为可变标志。在“全体女学生”总体中，姓名、身高、体重、年龄等标志在每位女学生之间都存在差异，则它们都是可变标志。统计调查的项目都是可变标志，不论是数量标志还是品质标志都有可能是可变标志；但在一个总体中，由于还具有同质性，某一标志在所有的总体单位间具有共同的特征，这类标志称作不变标志。例如，在“全体女学生”总体中，每一名女学生是总体单位，性别是总体单位的品质标志，她在女学生总体中不发生变化，即大家都是女性，此时，性别这个标志就是不变标志。任何总体中的总体单位至少有一个不变标志，才能使总体单位结合成同质总体，不变标志是构成统计总体的必要条件和确定总体范围的标准。变异是普遍存在的，这是统计核算的前提条件。

（二）变量

在数量标志中，不变的数量标志称为常量或参数；可变的数量标志称为变量。

◆ 实例分析［1－5］

上述统计调查案例的项目中，其中属于变量的有接受教育年数、开始工作时的工资、受聘后的工作时间、以前工作经历（时间）和现在年工资。

因为这些调查项目在向每个被访者提问时，回答用的都是数值而且不完全相同，所以它们是变量。再如，人口普查中，每个人的年龄、身高、体重等；工业普查中，工业企业的职工人数、工资总额、工业总产值、利润总额等都是变量。变量的具体数值称为变量值，亦称标志值。例如，职工人数为4000人，则“职工人数”为变量，其数值“4000”为变量值。

根据变量值计数的特点可把变量分为连续变量与离散变量两种。连续变量的数值是连续不断的，相邻的两个值之间可作无限分割，即可取无限个值。例如，人体测量的身高、体重等为连续变量。而离散变量的两个变量值之间只能取有限个变量值，在社会经济统计中，一般将只能取整数的变量称为离散变量。例如，企业个数、职工人数、设备台数、学校数、医院数等，都只能按整数计算，不可能有小数。研究连续变量问题，在数学处理上要用到积分方法等高等数学知识，研究离散变量，在数学上大多用初等数学知识，因此，在社会经济统计工作中，人们常把“身高”“体重”“年龄”等连续变量近似地看作离散变量，用初等数学方法进行处理，以便简单、方便，如：统计某人年龄时，只记录为40岁、60岁等这样的整数。

根据变量性质可分为确定性变量和随机变量。确定性变量是指变量值的变化受某种或某几种确定性因素的影响，其数值能够被确定下来。例如，在有奖储蓄中，中特等奖的人数就是确定性变量。随机变量是由各种偶然因素引致，其数值随机而成，有多种可能性数值，事前无法确定。例如，在有奖储蓄中“中奖号码”是随机变量。统计在研究事前情况时，遇到的多是随机变量，如“某人的寿命”“明年粮食亩产量”等都是随机变量；在研究事后情况时，则是确定性变量，如“某人出生时间”“去年粮食亩产量”等。

项目二
搜集统计资料

搜集统计资料即统计调查既是对现象总体认识的开始，也是进行资料整理和分析的基础环节。通过统计调查可以取得反映社会经济现象总体全部或部分单位以数字资料为主体的信息。统计调查在统计工作的全过程中担负着提供基础统计资料的任务。“没有调查就没有发言权”，通过统计调查，可以获得有关被调查单位的原始资料。统计工作的其他阶段都是在统计调查所获得的信息资料基础上进行的。因此，统计调查工作的好坏，对整个统计工作质量具有十分重要的影响。

学习目标

1. 认识统计调查担负提供基础统计资料的任务。
2. 掌握统计调查的方法和调查方案的制定。
3. 掌握调查问卷的设计。

项目介绍

统计调查担负提供基础统计资料的任务，统计调查是一项系统工程，在着手调查之前应制定一个周密的调查方案，在调查实施的过程中，调查问卷是搜集信息最普遍的工具，因此，“统计调查”这一阶段的项目可以分解为以下工作任务。

任务一
认识统计调查

任务二
制订统计调查方案

任务三
设计调查问卷

任务一　认识统计调查

【任务介绍】

◇ 介绍统计调查的意义和要求
◇ 介绍统计调查的分类和方法

【任务目标】

◇ 了解统计调查的意义和要求
◇ 了解统计调查的种类
◇ 熟悉统计调查搜集资料的不同方法

【任务导入】

2018 年政府工作报告指出，我国仍处于并将长期处于社会主义初级阶段，仍是世界最大的发展中国家，发展不平衡不充分的一些突出问题尚未解决。经济增长内生动力还不够足，创新能力还不够强，发展质量和效益不够高，一些企业特别是中小企业经营困难，民间投资增势疲弱，部分地区经济下行压力较大，金融等领域风险隐患不容忽视。脱贫攻坚任务艰巨，农业农村基础仍然薄弱，城乡区域发展和收入分配差距依然较大。重特大安全生产事故时有发生。在空气质量、环境卫生、食品药品安全和住房、教育、医疗、就业、养老等方面，群众还有不少不满意的地方。政府职能转变还不到位。政府工作存在不足，有些改革举措和政策落实不力，一些干部服务意识和法治意识不强、工作作风不实、担当精神不够，形式主义、官僚主义不同程度存在。群众和企业对办事难、乱收费意见较多。一些领域不正之风和腐败问题仍然多发。

【任务分析】

政府工作报告中为何会指出这些问题，这些问题从何而来，这其实就是统计调查的结果。通过统计调查可以获得反映社会经济现象总体全部或部分单位以数字资料为主体的信息。统计调查获取的信息是开展其他统计工作的基础，所以，统计调查工作的好坏，对整个统计工作质量具有十分重要的影响。

思考问题

1. 什么是统计调查？统计调查都有哪些种类？
2. 符合什么样的要求才能称作是好的统计调查呢？

【知识准备】

一、统计调查的意义和要求

统计调查是根据调查的目的和要求，运用科学的调查方法，有计划、有组织地搜集数据信息资料的统计工作过程。

1. 统计调查的意义。

统计调查对于各行各业意义明显，作用很大，主要体现在以下两个方面：

（1）统计调查是对现象总体认识的开始。例如，对于一个手机生产商或手机营销商来说，大学生最喜欢什么款式、什么功能的手机？这就必须通过调查才能准确地了解他们的需求，从而进行产品开发或推销策略；如果一个国家想要了解自身发展状况，就必须对各省、自治区、地区（市）、县的各行各业，以及相关方面进行调查，才能了解真实状况，从而制定出正确的发展规划，确立正确的发展方针，做出有效的发展决策。

（2）统计调查是统计工作的基础环节。统计工作包括数据的搜集、整理、分析和预测，几个环节相互联系、相互依存。其中统计调查担负着提供基础资料的任务。所有的统计计算和统计研究，都是在原始资料搜集的基础上建立起来的。只有搞好统计调查，才能保证统计工作客观反映事物的规律性，并从而预测未来。

2. 统计调查的要求。

统计调查以收集各种原始资料作为统计研究的起点，统计工作的其他阶段都是在统计调查所获得的信息资料的基础上进行的，所以统计调查工作的好坏，对整个统计工作质量具有十分重要的影响。如何保证原始资料的高质量是统计调查的中心问题，这不仅仅要求统计调查要有组织有计划地进行，而且还要求它所搜集的资料必须真实、准确、全面和及时。所以，统计调查要求较严。主要体现在以下四个方面：

（1）准确性。准确性就是要求搜集的资料必须真实可靠，符合实际，而且调查误差较小。我国《统计法》的实施，为取得准确的统计资料提供了十分有利的条件。但由于社会上客观存在的各种矛盾的干扰、影响，保证统计资料的准确性仍然是一个必须认真对待的重要问题。

（2）及时性。及时性就是要求保证统计调查所得到资料的时效性，及时地向各级领导提供所需的资料，从时间上满足各层次对统计资料的要求。资料提供得越及时，其时间效用就越大，也越能提高资料的使用价值。

（3）全面性。全面性就是要求搜集的资料必须全面、系统，即应该包括所要调查的单位的全部资料，不但要有数字资料，而且还应搜集能深入说明现象、具体情况的文字资料，做到数字与情况相结合。同时，搜集的资料要具有系统性，便于系统观察，这样才能从不同层次，各个方面反映现象发展的过程、特征及问题，才能据此进行正确的分析，得出正确的结论。

（4）经济性。经济性就是指在满足一定准确程度要求的前提下，能以最小的调查费用取得所需的统计资料。通常，对调查资料的准确性要求越高，则调查的费用就越大，由于任何一项统计调查总受一定的费用约束。因此，如一味强调资料的准确度，而无视经济性的要求，盲目追求那种不计调查成本，只讲资料取得的所谓“高质量”就会造成不必要的人力、物力和财力的浪费。

以上四个基本要求是相互结合相互依存的，在每一项统计调查过程中，都要根据实际情况，分清轻重缓急，综合考虑，正确处理好它们之间的关系。一般而言，应以“准”为基础，力求“准”中求“快”，“准”、“快”结合，以尽可能小的成本取得全面系统的资料。

二、统计调查的种类

1. 按调查对象范围分类。

（1）全面调查。全面调查是指对构成调查对象总体的所有总体单位均进行调查，也称为普查。例如，人口普查需要登记每一公民的状况，工业普查对每一工业企业展开调查。全面调查的优点是调查所获得的数据比较全面、完整，缺点是由于涉及面广，需要消耗大量的人力、物力和财力，同时对于破坏性调查，不可能进行全面调查。

（2）非全面调查。非全面调查是指对构成调查对象总体的一部分总体单位进行调查。非全面调查主要包括三种方式：

①抽样调查。按随机原则从总体中抽选一部分单位进行调查，并以样本的调查结果推断总体状况的一种调查方法。抽样调查的特点表现在工作量小、省时间、省费用，又能保证调查结果的相对准确性和调查误差的可控性。

②重点调查。重点调查是对总体中影响全局的主要单位进行调查，而对不影响全局的单位不进行调查。例如，要调查今年第一季度钢材生产状况，只要重点调查宝钢、首钢、鞍钢、武钢等有限的几家大型钢铁公司即可。重点调查一般可以快速地掌握全局的情况，以便进行某方面的决策。

③典型调查。典型调查对总体中具有代表性的单位进行调查。例如，为了解居民对某一事件的看法，在街头选择工人、干部、学生等代表进行访问。

重点调查和典型调查具有主观选择的特征，在选择过程中，调查人员主观认识上的差异，可能会导致调查结果出现偏差。抽样调查则是采取客观抽样的方式，所有的选择过程都是有科学依据的。只要抽样人员在工作中没有出现大的失误，抽样结果就可以是客观真实的。抽样调查与重点调查和典型调查相比，操作的过程更为严格，同时要求达到一定的样本量，从而增加了调查难度，提高了调查成本，不如重点调查和典型调查那样简单易行。

2. 按调查登记的时间是否连续分类。

（1）经常性调查。经常性调查是随着调查对象在时间上发展变化，随时将变化情况进行连续不断的登记。例如人口的出生与死亡。

（2）一次性调查。一次性调查是指间隔一定时间，一般是相当长的时期（比如说，一年以上）进行的调查。例如，固定资产总值。

3. 按调查的组织方式不同分类。

（1）统计报表制度。统计报表制度是指国家统计系统和各业务部门为了定期取得全面、系统的基本资料，按一定的方式和要求，自上而下地统一布置，自下而上地逐级提供基本统计资料的一种报表制度。统计报表中的指标在一定时间内相对稳定，像我国统计局网站每月公布的消费物价指数（CPI）就是通过统计报表的方式获取的。

（2）专门调查。专门调查是为了一定的目的，研究某些专门问题所组织的一种调查方式，这种调查一般属于一次性调查。专门调查通常包括普查、抽样调查、重点调查、典型调查等。

三、统计调查的方法

根据搜集资料的方法不同，将调查方法分为观察法、实验法、访问法和文案法四大类。

1. 观察法。

观察法就是在现场直接观察或利用各种仪器观察被调查者的行为或现场事实，以取得统计资料的方法。

观察法在市场调查中的应用如下：

（1）对实际行动和迹象的观察，如调查人员通过对顾客购物行为的观察，预测某种商品的销售情况。

（2）对语言行为的观察，如观察顾客与售货员的谈话。

（3）对表现行为的观察，如观察顾客谈话时的面部表情等身体语言的表现。

（4）对空间关系和地点的观察，如对商品陈列、橱窗布置、所临街道的车流、客流量情况的观察和记录。

（5）对时间的观察，如观察顾客进出商店以及在商店逗留的时间。

（6）对文字记录的观察，如观察人们对广告文字内容的反映等。

观察法因直接记录调查的事实和被调查者的现场行为，因此获得的数据客观、准确、及时、生动。但它只能反映客观事实的发生过程，不能说明发生的原因和动机；有些调查所需时间较长、调查费用较大。

2. 实验法。

实验法是指在实验中控制一个或多个变量，在有控制的条件下得到观测结果的一种统计调查方法。实验法的基本逻辑是，有意识地改变某个变量的情况（设为 A 项），然后看另一个变量变化的情况（设为 B）。如果 B 项随着 A 项的变化而变化，就说明 A 项对 B 项有影响。

实验法主要用于考察变量之间的因果关系，研究自变量对因变量的影响或效应。例如，研究商品价格、包装、陈列位置等因素对销售量的影响；研究品牌对消费者选择商品的影响；研究商品颜色、名称对消费者味觉的影响；测试各种促销方法的效果等。

实验法通常采用以下两种方式：

（1）变动商品因素。在同一市场条件下，首先对正常经营情况下的各个因素进行测量，然后再测量变动某个商品因素（如价格、包装、广告等）后的情况，通过销售的效果来测定该商品因素对购买行为的影响。

（2）变动调查区域。由于市场形势发生变化，商品购买力变化，以及价格、消费心理、季节变化等，都会不同程度地影响实验效果。如果在同一时间将不同区域的经营状况进行对比，则会大大提高实验效果。例如，把同一类商品采用某种特定的包装形式分别在条件大致相同的两个公司进行试销，然后测量其结果，来了解这种包装对购买行为的影响。

3. 访问法。

访问法是根据被调查对象的答复来搜集统计资料的一种统计调查方法。这种方法又可分为询问法和自填法两种。询问法是指调查者对调查对象逐一访问并登记，包括当面访问、电话访问、QQ 视频访问等；自填法是指调查者把含有调查内容的调查表交给调查对象，向调查对象说明填表要求和方法，并解释注意事项，由调查对象自行填写后，交调查者审核并登记的一种调查方法。根据调查表发放的方式和途径不同，通常有邮寄法、网络法等。询问法的优点是快捷，缺点是对被调查者压力较大，对答题者素质要求较高，当面采访的成本比较大。自填法的优点是成本相对较低，对调查的组织能力要求不高，对被调查者的答题压力较小，其缺点是调查的回复率一般比较低，不适合内容比较复杂的调查，所需时间周期也比较长。

4. 文案法。

文案法，又叫二手资料调查法，是指按照调查的目的搜集、整理各种现成的资料，如年鉴、报告、文件、期刊、文集、数据库、报表等，以获得统计资料的方法。它与实验法、观察法、访问法等搜集原始资料的方法是相互依存、相互补充的。

在统计调查中，一般是先考虑文案法，这是因为实验法、观察法、访问法虽有利于企业获得客观性、准确性较高的资料，但其周期往往较长，花费往往较大。而文案法则可以较快的速度和较低的费用得到。因此，文案法一般是统计调查必不可少的基础和前提。只有当文案法不能充分满足资料需要时，才应考虑采用观察法、实验法、访问法。随着我国信息市场的完善和统计法规的健全以及出版印刷行业的发展，文案法的应用将会更加广泛，其重要性也会更加明显。文案法已越来越受到调查单位和委托单位的重视。

任务二　制订统计调查方案

【任务介绍】

◇ 介绍统计调查的意义和要求

◇ 介绍统计调查方案的内容

【任务目标】

◇ 掌握统计调查方案的设计

【任务导入】

从 1949 年至今，我国分别在 1953 年、1964 年、1982 年、1990 年、2000 年与 2010 年进行过六次全国性人口普查。根据《中华人民共和国统计法实施细则》和国务院的决定，自 1990 年开始改为定期进行，即每 10 年一次，在年号末位逢“0”年份举行。

通过人口普查，查清我国人口在数量、结构、地区分布、受教育程度、迁移流动和居住环境等方面的变化情况，为科学制定国民经济和社会发展规划，统筹安排人民的物质和文化生活，实施可持续发展战略，构建社会主义和谐社会，提供科学准确的统计信息支持。通过人口普查，还可以查清全国较为突出的流动人口问题、农民工问题、人口老龄化问题的进展状况等，为研究制定国民经济和社会发展规划提供依据，并为社会公众提供人口信息服务。

【任务分析】

人口普查涉及面广、调查单位多，需要消耗大量的人力、物力和财力。为了确保人口普查的顺利实施，必须确保该项工作有计划、有组织、有系统的进行。统计调查方案就是确保调查工作有计划、有组织、有系统进行的指导性文件。那什么是统计调查方案？我们如何制定统计调查方案？统计调查方案都包含哪些内容呢？

【知识准备】

一、统计调查方案的意义

统计调查方案的编写就是根据调查目的和调查对象的性质，在进行实际调查之前，对调查工作总任务的各个方面和全部过程进行通盘考虑和安排，提出相应的调查实施方案，制定合理的工作程序。

统计调查是一项很复杂的系统工程，调查中会遇到很多问题。统计调查方案是保障调查工作有序开展、调查各个环节能有连贯性和协同性而做的统筹安排，对整个统计调查工作具有指导作用。

二、统计调查方案的内容

1. 确定调查目的和任务。

制订一个统计调查方案，首先要明确调查的目的和任务，即要明确进行调查所要研究和解决的问题。这是十分重要的，因为它关系到调查的范围、内容、方法等的确定。只有明确了调查目的和任务，才能进一步确定向谁调查、调查什么、用什么方式调查、在什么时间调查等一系列问题。如果调查目的和任务不明确，就会导致搜集到的资料不合乎要求，浪费了人力、财力、物力和时间，而需要了解的资料却没有在调查结果中得到反映，导致无法满足调查的需求。确定调查目的和任务时，应做到具体明确，突出中心，避免面面俱到。

2. 确定调查对象和调查单位。

调查目的和任务确定后，就可确定调查对象和调查单位了。确定调查对象和调查单位，是为了确定向谁调查，由谁来具体提供调查资料等问题。调查对象就是统计调查所要研究的社会经济现象的总体，是由性质相同的许多个别单位组成的。而调查单位就是构成调查对象的每一个个体单位，即在调查对象中所要调查的具体单位。调查单位是进行调查登记的标志值的直接承担者。例如，调查的目的是为了搜集某地区工业企业生产情况的资料，那么该地区所有工业企业就是调查对象，如果采取全面性调查，那么构成该地区工业企业这个总体的每一家工业企业就是调查单位。

在确定调查对象和调查单位的同时，还应该规定报告单位，或称填报单位，即负责提交调查资料的单位。调查单位和报告单位之间有时一致，有时不一致。例如，工业企业普查中，调查对象是所有工业企业，而每一家工业企业既是调查单位又是报告单位。又如，工业企业设备普查中，调查对象是所有工业企业的全部设备，调查单位是所有工业企业的每台设备，而报告单位则是每家工业企业。在全面调查中，调查对象和调查单位是一致的；在非全面调查中，调查单位只是调查对象中的一部分，二者是不一致的。

3. 确定调查项目

调查项目是指对调查单位所要调查的主要内容，确定调查项目就是要明确向被调查单位了解一些什么问题。

具体在确定调查项目时，要注意以下五个方面的问题：

（1）调查项目的确定既要满足调查目的和任务的要求，又要能够取得数据，包括在哪里取得数据和如何取得数据，凡是不能取得数据的调查项目应舍去。

（2）调查项目应包括调查对象的基本特征项目，调查课题的主体项目和调查课题的相关项目。例如，消费者需求调查，基本项目有：年龄、性别、职业、行业、文化程度、家庭人口、居住地等；主体项目有：为何买、买什么、买多少、在哪里买、由谁买、何时买等要素；相关项目有：消费者收入、消费结构、储蓄、就业、产品价格等。

（3）调查项目的表达必须明确，调查项目的答案选项具有确定的表示形式，如数值式、文字式、是否式等，以避免产生不同理解而做不同的答案，造成汇总的困难。

（4）调查项目之间应尽可能相互关联，使取得的资料能够互相对应，具有一定的逻辑关系，便于了解调查现象发展变化的原因、条件和后果，检查答案的准确性。

（5）调查项目的含义必须明确、肯定，必要时可附加调查项目或指标解释及填写要求。

4. 制定调查提纲和调查表。

当调查项目确定后，可将调查项目科学地分类、排列构成调查提纲或者调查表，方便调查登记和汇总。

调查表一般由表头、表体和表脚三个部分构成。

表头包括调查表的名称、调查单位（填报单位）的名称、性质和隶属关系等，表头上填写的内容一般不作为统计分析之用，但它是核实和复查调查单位的依据。

表体包括调查项目、栏号和计量单位等，它是调查表的主要部分。

表脚包括调查者或者填报人的签名和调查日期等，其目的是明确责任，一旦发现问题便于查寻。

调查表分单一表和一览表两种，单一表是每张调查表只登记一个调查单位的资料，常在调查项目较多时使用。它的优点是便于分组整理；缺点是每张表都注有调查地点、时间及其他共同事项，造成人力、物力和时间的耗费较大。一览表是一张调查表可以登记多个单位的调查资料，它的优点是当调查项目不多时，应用一览表能使人一目了然，还可将调查表中有关单位的资料相互核对；其缺点是对每个调查单位不能登记更多的项目。

调查表拟定后，为便于正确填表、统一规格，还要附表说明。内容包括调查表中各个项目的解释，有关计算方法及填表时应注意的事项等，填表说明应力求准确、简明扼要、通俗易懂。

5. 确定调查的时间、空间和方法。

确定调查时间就是要确定调查资料所属的时点或时期，以及调查工作的期限。

如果调查的是时点现象，如人口数、商品库存量等，就要规定统一的调查时点（标准时点）。例如，我国第六次人口普查的标准时点定为 2010 年 11 月 1 日零时。如果调查的是时期现象，如产品产量、商品销售额等，则要规定资料所属时期的起讫点（一月、一季度或一年等）。例如，调查某商业企业 2017 年的商品销售额，就是从 2017 年 1 月 1 日起，到 12 月 31 日止这一段时期内的商品销售额的累计数。

为了保证调查资料的及时性，必须规定调查期限，即进行调查工作的时间期限，包括从搜集资料开始到报送资料为止的整个调查工作所需要的时间。调查期限的规定，要尽可能缩短。

调查空间是指确定调查单位在什么地方接受调查。

调查方法包括调查的组织形式和搜集资料的具体方法。

6. 制订调查工作的组织实施计划

严密细致的组织工作，是使统计调查顺利进行的保证。调查工作的组织计划主要包括下列内容：

（1）建立调查工作的组织领导机构，做好调查人员的分工。

（2）做好调查前的准备工作，包括宣传教育、人员培训、文件资料的准备、调查方案的传达布置、经费预算和开支办法等。

（3）制定调查工作的检查、监督方法。

（4）调查成果的公布时间及调查工作完成后的工作总结等。

随着统计工作的现代化，调查方案的要求日趋周密，并且需运用多种科学的方法实行各个环节的质量控制，层层把关，才能保证调查工作的顺利进行。

严密细致的组织实施计划，是使统计调查顺利进行的保证。例如，第六次人口普查明确规定：人口普查工作，在国务院和地方各级政府领导下进行。国务院、各级人民政府乡镇、街道办事处设置人口普查办公室，居民委员会和居委会设置人口普查组，分别负责人口普查的领导、组织和具体实施。人口普查工作，由普查员担负，普查指导人员负责指导、检查，基层干部和群众积极分子给予协助等。这些组织实施是普查工作顺利进行的基本保证。

任务三　设计调查问卷

【任务介绍】

◇　介绍调查问卷的设计要求

◇　介绍调查问卷的基本结构

【任务目标】

◇ 掌握调查问卷的设计

【任务导入】

当今大学生面临社会日益竞争激烈的就业形势，许多学生为了提高社会实践水平，获取工作经验，增长社会见识，利用课余或假期时间走入社会应聘兼职工作，从社会反映来看大学生从事兼职对个人成长与成才有着积极的作用，同时也暴露出来一些负面的影响与冲击，请对周边的高职及本科院校的大二以上学生进行“关于在校大学生参与社会兼职活动情况问卷调查”。“卓越”学习小组成员接受编制调查问卷的任务。

【任务分析】

为了解大学生在校期间的兼职情况，对大学生兼职存在的问题提出有效的解决措施，是做这项调查的目的，通过调查问卷的设计技巧掌握，为今后的调查报告撰写打下良好的基础。

思考问题

设计调查问卷时应该注意什么？调查问卷中的提问方式有哪些？

【知识准备】

调查问卷又称调查表，是以书面的形式系统地记载调查内容，了解调查对象的反应和看法，以获得资料和信息的一种载体。调查问卷广泛应用于社会经济现象的调查研究中，是搜集调查数据的一种重要工具。一个成功的问卷应该具备两个功能：一是能将所要调查的问题明确地传达给被调查者；二是设法取得对方合作，并取得真实、准确的答案。要完成这两个功能，问卷设计应当遵循一定的原则和程序，运用一定的技巧。

一、调查问卷的设计要求

1. 目的性。根据调查主题，从实际出发拟题，问题目的明确，重点突出，没有可有可无的问题。

2. 可接受性。问卷的设计要比较容易让被调查者接受。因此，问卷说明很重要，问卷说明词要亲切、温和，必要时可采用一些物质鼓励措施。

3. 顺序性。问题的排列应有一定的逻辑顺序，符合应答者的思维程序，一般是先易后难、先简后繁、先具体后抽象。

4. 简明性。问题和问卷都不宜过长，问卷设计的形式要简明易懂、易读。

5. 匹配性。被调查者的回答便于进行检查、数据处理与分析。所设问题都应事先考虑到可能的问题结果并做适当分类和解释，使所得资料便于作交叉分析。

二、调查问卷的基本结构

调查问卷的结构一般分为三大部分：开头、主体和结尾。

1. 开头部分。

开头部分一般包括问候语、填表说明和问卷编号等内容，不同的开头部分所包括的内容会有一定差别。在问候语中通常包括称呼、问候、访问员介绍、调查目的、调查对象作答的意义和重要性、说明回答者所需花的时间、感谢语等。问候语一方面要反映以上内容，另一方面要尽量简短。填表说明为了让被调查者知道如何填写问卷，如何将问卷返回到调查者手中。

2. 主体部分。

主体部分是问卷的核心部分。这一部分包括了所要调查的全部问题，以及这些问题的所有可供选择的答案，是调研主题所涉及的具体内容。在拟定主体部分问题及答案时，应紧扣调查主题，问题的多少应根据调查目的而定，在能够满足调查目的的前提下越少越好；能通过二手资料调查到的项目不要设计在问卷中。

3. 结尾部分。

结尾部分一般包括被调查者的基本情况、作业证明记载和结束语。被调查者的基本情况是有关被调查者的一些背景资料，个人背景资料一般包括性别、年龄、民族、家庭人口、婚姻状况、文化程度、职业、单位、收入、所在地区、家庭住址等。作业证明记载主要是附上调查人员的姓名、调查日期、时间等，如有必要，附上被调查者的姓名、电话等。结束语用来对被调查者的合作表示感谢。

三、调查问卷的设计程序

一般来说，问卷设计可按下列步骤进行

1. 明确调查的主题。根据所研究的问题确定需要调查的变量。
2. 分解调查的主题。将这些变量经过操作化变成若干具体的指标
3. 合理设计问卷题目。围绕这些指标设计合适的问题。
4. 决定向卷的形式和结构。将问题按一定的原则组合成一份问卷。
5. 问卷的预先测试和评估。用这份问卷进行试调查，以发现问卷设计中存在的问题。
6. 问卷的修订、定稿和印刷。形成用于正式调查的问卷。

四、问卷的完成

任务实施

“卓越”学习小组成员分工合作制订了统计调查的方案，按照调查的目的编制了调查问卷，“关于在校大学生参与社会兼职活动情况问卷调查”。

操作示范

表 2-1　　在校大学生参与社会兼职活动情况调查问卷

您好！

我们是×××学校的学生，我们正在做关于大学生兼职情况的调查，耽搁您宝贵的时间询问一些问题，我们向您承诺，本调查供研究所用无任何商业目的，涉及个人信息我们一定保密，望您放心与我们合作来做好这份问卷。

1. 您的性别是（　　）

A. 男　　B. 女

2. 您的年级是（　　）

A. 大一　　B. 大二　　C. 大三　　D. 大四

3. 您认为大学生有无兼职的必要（　　）

A. 有　　B. 没有　　C. 可有可无

4. 到目前为止您是否做过兼职（　　）

A. 经常做　　B. 偶尔会做　　C. 没有做过

5. 若您有过兼职的经历或愿望，那您选择兼职的最初目的是什么『多选题』（　　）

A. 增长见识，积累社会经验

B. 经受锻炼，提高能力

C. 赚取生活费增加收入

D. 出于兴趣爱好，及早接触喜欢的工作

E. 广交朋友，为了人际交往

F. 其他

6. 若您有过兼职的经历或愿望，那您会选择兼职哪些工作『多选题』（　　）

A. 销售、礼仪、客服

B. 家教、培训

C. 派发传单

D. 餐饮、快递、旅游

E. 学校提供的勤工俭学的工作岗位

F. 其他

7. 若您曾有过兼职经历或想找一份兼职，您会通过什么方式或渠道谋得兼职工作『多选题』（　　）

A. 在兼职网站上查找

B. 通过中介介绍

C. 通过海报、广告、传单获知

D. 家人、熟人或同学介绍或帮忙

E. 老师引荐

8. 若有兼职工作，您一般会选择什么时间去做（　　）

A. 周末休息时间

B. 周一至周五的任意课余时间

C. 寒暑假

9. 您认为是否需要成立专门的兼职指导机构，为兼职的学生提供谋职帮助或安全保障（　　）

A. 是　　B. 否

10. 您认为兼职会影响您的学业吗？（　　）

A. 会，因为相应的学习时间就少了

B. 不会，大学学习不紧张

C. 说不清楚

续表

11. 如果您在兼职时，遇到兼职时间与上课时间相冲突时，您会怎么做（　　）
A. 上课放弃兼职
B. 逃课做兼职
C. 因课而定，如果不是紧要课，就去兼职
12. 您认为兼职对您自身能力的提高有多大的帮助（　　）
A. 有很明显的提高
B. 有一定的提高
C. 有一点，不是很明显
D. 没有感觉，跟原来一样
13. 您若有过兼职经历或想有一份兼职，您认为会在兼职过程中会遇到什么困难（　　）『多选题』（　　）
A. 薪酬较低，不按时发工资
B. 不签劳动合同，合法权益得不到保护
C. 工作要求苛刻，压力过大
D. 自身技能技术能力不足
E. 缺乏岗前培训，对岗位信息不了解
F. 其他
14. 您若已有兼职，您认为通过兼职认识到自身所欠缺的素质是『多选题、没有兼职的无需填写』（　　）
A. 基本解决问题的能力
B. 专业知识能力
C. 与人沟通交流的能力
D. 承受压力，克服困难的能力
15. 您的家长对您兼职持什么态度（　　）
A. 非常鼓励和支持
B. 基本支持，但有安全方面的考虑
C. 无所谓，看我的态度而定
D. 基本不支持，认为大学生仍要以学习为主
E. 不同意
16. 若有一分兼职工作给您，请您对薪酬的期望以及对自己的要求简单谈谈

对能您能协助我们做好这项调查工作表示感谢！

项目三
整理统计资料

在统计工作过程中，通过前一阶段的统计调查收集到的大量原始资料，是分散凌乱的，反映的是总体单位（个体）的状况，不能完整系统地反映总体的情况。只有通过各种方法将收集到的资料加以整理、汇总及统计运算，把庞大、复杂、零散的资料集中简化，使资料变成易于理解和解释的形式。就是通过一系列操作将收集的第一手资料或第二手资料变成数据结果——统计表和统计图，以便于学习者和研究者清楚地了解、揭示其中的含义。使之成为更适用、价值更高的信息，为下一统计工作过程即统计分析做准备。

学习目标

1. 能够明白统计资料整理的必要性。
2. 能够理解统计资料整理的内容与步骤。
3. 能够掌握统计资料整理的分组方法。
4. 能够实际操作统计资料的审核、分组、汇总与表述方法。

项目介绍

根据统计工作过程的顺序，“统计资料的整理”这一阶段的项目可以分解为以下工作任务。

任务一
认识统计整理

任务二
统计分组

任务三
数据的显示

任务一　认识统计整理

【任务介绍】

◇　统计整理的意义
◇　统计整理的步骤

【任务目标】

◇　了解统计整理在统计工作中的地位和意义
◇　掌握统计整理的步骤

【任务导入】

上一项目学习过后，“阳光出行”学习小组利用所学调查问卷设置要求对感兴趣的“共享单车使用现状”现象展开调查，经过为期两周的调查，共获得问卷300份，调查群体主要为学生。

在问卷收回后的几天内，小组成员对如何处理数据产生了两个主要矛盾。

矛盾一：有效问卷是不是调查收集的所有问卷？

小明认为300份问卷是大家辛辛苦苦收集来的，全部作为有效问卷进行分析，而小亮则有反对意见，他认为300份问卷中有40份问卷明显不完整，重要信息没有填写，不能作为有效问卷进行分析。

矛盾二：对问卷信息整理是不是将每道题简单汇总结果就可以呢？

小红认为问卷整理，即将每道题答案进行汇总即可。而小军则认为简单汇总并不能深入问题本质进行分析，需对问卷受访者进行分类，并整理不同群体对相同问题的回答。

如果你是小组的指导老师，以上两个矛盾应如何化解呢？

【任务分析】

从案例可以看出矛盾点主要在获得调查数据后的处理方式和方法上。

1. 调查获取的数据并非全部有效，不能真实全面反映受访者情况的问卷数据会干扰甚至使数据分析失去真实价值，故在进行数据整理前，需先对数据进行审核，剔除无效问卷。

2. 数据整理是一个全面系统的过程，针对数据的特征采用不同的数据处理方法，汇总前需先对数据进行分组。

【知识准备】

一、统计整理的概念

统计整理是统计工作的一个重要环节，它是根据统计研究的任务与要求，对调查所取得的各种原始资料进行审核、分组、汇总，使之系统化、条理化，从而得到反映总体特征的综合资料的过程。

二、统计整理的意义

1. 统计调查环节获得的一手数据是零散反映各个总体单位表面特征的信息。只有对调查的数据进行进一步加工整理，才能全面系统的反映出总体特征，从而分析各类社会现象或事物发展的详细信息。

2. 统计整理是统计工作过程中的承前启后的重要环节，统计调查环节所得数据必须通过严格的审核、合理分组和有效的汇总才能使数据由杂乱无序变得井然有序，发挥数据本身的价值，实现从现象到本质的升华；也只有进行过科学统计整理的数据才能通过统计分析，为决策者决断做出重要参考。若忽视统计整理环节，则无论统计调查的数据再丰富、详细，也无法发挥数据价值的最大化，统计分析也荡然无存。

3. 参考或使用历史资料（即二手资料）是统计工作高效开展的重要组成部分。借助已有调查或研究成果，能丰富现有成果的历史依据，尤其是对动态现象的跟踪调查。而使用历史资料同样也需要进行统计整理。即根据调查目的的需要采用相应的流程对历史资料进行筛选并按照新的标准对数据进行重新整理汇总，从而发挥新的数据价值。

三、统计整理的步骤

统计整理作为统计工作的重要环节，其具体开展有明确的步骤，主要分为资料审核、统计分组、数据汇总和显示四个主要步骤。

1. 资料审核。

统计整理的第一步是对调查所得资料进行审核，审核主要包括逻辑性审核和计算性审核。

逻辑性审核主要是检查资料是否存在逻辑上的错误，如受访者为某企业管理层一员，工作年限长达20年，员工性质却写成临时工；尚在就读的学生，工作年限却有5年以上等。此类逻辑性错误可以通过相关信息更正，更正后的信息依旧可以使用。计算性审核主要为检查各数据间的计算有无错误。审核中发现填写不完整的问卷或雷同问卷，确定无法补充或修改的需要剔除，即为无效问卷。

2. 统计分组。

统计资料经过审核后需要进行分类汇总，此处所指分类即为统计分组（统计分组详细过程将在任务二中进行阐述），根据统计研究的任务及总体中各部分的特征将统计总体按某标志划分为不同组别的过程。

3. 统计汇总。

统计分组后，将调查所得资料按组进行汇总，目前统计工作汇总过程一般借助计算机各种汇总技术实现，为后续统计分析中强大的计算机分析功能奠定基础。

4. 数据显示。

汇总后的信息需呈现出具体表现形式，使调查成果显而易见，主要的汇总显示为统计图和统计表。借助办公软件，如 word、excel 等直观展现数据走势或各变量间的关系。统计图及统计表的编制将在任务三中阐述。

任务二　统计分组

【任务介绍】

◇ 统计分组的概念和分类

◇ 统计分组的关键、变量分组的种类

◇ 统计分组中涉及的一些统计小常识

【任务目标】

◇ 清楚地了解统计分组的概念、要求和分类

◇ 熟悉变量分组的种类和掌握统计分组的两个关键问题——分组标志的选择和划分各组的界限

◇ 根据统计分组的方法能够将小组自己收集的资料进行整理，完成统计整理的工作过程

【任务导入】

“霹雳行动”学习小组在搞清了统计整理的意义后，尝试着将收集的数据资料进行整理，以便于进行统计分析。于是小组根据目前新能源小轿车新产品，为某小汽车企业进行市场调查，了解该市场的购买力。主要针对年收入 10 万元左右的消费群体，为此，做了一次小范围的问卷调查，收回有效问卷 110 份，被调查者年收入情况如下（单位：千元）：

154 133 116 128 85 100 105 150 118 97 110 131 119 103 93
108 100 111 130 104 135 113 122 115 103 90 108 114 127 87
127 108 112 100 117 121 105 136 123 108 89 94 139 82 113
110 109 118 115 126 106 108 115 133 114 119 104 147 134 117
119 91 137 101 107 112 121 125 103 89 110 122 123 124 125
115 113 128 85 113 143 80 102 132 96 129 83 142 112 120
107 108 111 100 97 111 131 109 145 93 135 98 142 127 106
110 101 116 110 123

【任务分析】

根据前面所学知识，按照统计整理的步骤和方法。对搜集的资料经过审核后，现请将数据资料进行分组便于下一步汇总和显示。

【知识准备】

一、统计分组

（一）统计分组的概念

根据研究任务的要求和现象总体的内在特点，把统计总体按照某一标志划分为若干性质不同又有联系的几个部分的一种统计方法。

（二）统计分组应达到的要求（原则）

（1）同一组内的单位性质相同，不同组所包括的单位性质相异，即组内的同质性和组间的差异性。

（2）分组不能同时归属于两个或两个以上的组，即归属的是唯一性。

（3）每一总体单位都被归属到某一组内，即分组的完整性。

二、统计分组的分类

统计分组可以从不同的角度进行分类：

1. 按照统计的任务和作用的不同，分为类型分组、结构分组和分析分组。

类型分组是把复杂的现象总体按主要的品质标志分成不同性质的分组，如社会产品按经济类型、按部门、按轻重工业分组；在对总体分组的基础上计算出各组对总体的比重，以便研究总体内部的结构，即结构分组，如人口按年龄分组、国内生产总值按三个产业分组；分析分组是为研究现象之间的依存关系的分组，如劳动生产率与产品成本之间、商品销售额与流通费用之间、施肥量与农产量之间都可以按分组法来分析它们之间的依存关系。

2. 按照分组标志的多少统计分组分为简单分组和复合分组。

简单分组是指总体只按一个标志进行的分组。而复合分组则是各个组按两个以上的标志重叠起来进行分组。

3. 按照分组标志的性质不同分为品质分组和变量分组。

品质分组是按品质标志进行的分组。例如工业企业按经济类型、部门、轻重工业等标志分组。变量分组按数量标志进行的分组，例如工业企业按职工人数、生产能力分组等。

三、统计分组的关键

（一）分组标志的选择

我们知道，统计分组是把总体按某一标志来分门别类的，如对人口总体可以按性别分组，也可以按年龄、文化程度、职业等标志分组，选择什么样的标志就有什么样的分组。

（二）划分各组界限

分组标志确定之后，必须解决分组界限问题，即按选择的分组标志将所研究的总体划分为若干组，确定各组之间的界限。按品质的标志分组有时较为简单，即组的数目较少，组与组之间的界限也较明确。如人口按性别分组，在校生按专业分组等；也有组的数目较多的复杂分组的情况，如国民经济按部门分组，商品按用途分组，在我国统计实践中，国家编制了一些统一的分类目录，如《工业部门分类目录》、《主要商品目录》、《国民经济行业分类目录》等。

按数量标志分组时，关键是如何确定组与组之间的数量界限，数量界限确定在哪里合适？一般遵循的原则是：按现象本身的规定性来确定数量的界限。当然，有些现象界限容易确定，如要反映学生某学科的合格率，按成绩分成及格和不及格两组，因为60分就是及格与不及格的分界线；但有些现象如企业规模的大小，从业人员的收入高低等，分组界限不易确定，要根据实际状况来确定和划分，因此，统计分组的两个关键问题是：选择分组标志和确定各组界限。

下面着重介绍按数量标志分组。

四、变量分组

按数量标志分组的方法由于变量的表现形式不同分为单项式分组和组距式分组。

（一）单项式分组

单项式分组是指各个组只有一个变量值，一般是在分组的数量标志（即变量）是离散变量且变量值的变动幅度不太大的情况下采用。如某商店不同尺码女鞋的日销售情况分组表（表3－1）。

表3－1　　某商店某品牌女鞋不同尺码的日销售情况表

女鞋尺码（变量）	销售量（双）	比重（%）
35	1	3.3
36	3	10
37	9	30
38	10	33.3
39	5	16.7
40	2	6.7
合计	30	100

（二）组距式分组

组距式分组是指各组的变量值以区间的形式表示，组距式分组又分为离散型组距分组和连续型组距分组。当分组的数量标志是离散变量且变动幅度较大时，适宜采用组距式分组。如，某企业500名职工工资收入分组情况表（表3－2）。

表 3 – 2　某企业职工工资收入分配情况表

按月工资分组（元）	人数（人）	比重（%）
1000 以下	40	8. 0
1000 ~ 2000	86	17. 2
2000 ~ 3000	216	43. 2
3000 ~ 4000	110	22. 0
4000 以上	48	9. 6
合 计	500	100

【知识链接】

在组距式分组中，每组包含许多变量值，每一组变量值中，其最小值为下限，最大值为上限。组距是上下限的距离（上限与下限之差），相邻两组的界限，称为组限。

1. 组距式分组分为离散型组距分组和连续型组距分组。

（1）离散型组距分组。离散型组距式分组也称间断式组距分组，是指组限不相连的分组，如少年儿童按年龄分组可分为未满 1 岁、2 ~ 4 岁、5 ~ 8 岁、9 ~ 12 岁。

（2）连续型组距分组。连续型组距式分组是指组限相连（或称相重叠的）的分组，即相邻两组的组限一样，如表 3—2 某企业职工按工资分组，再如，某大型企业按职工人数分组可分为 500 人以下、500 ~ 1000 人、1000 ~ 2000 人、2000 ~ 5000 人、5000 人以上。

【知识链接】

1. 离散变量在组距式分组时既可以采用间断式组距分组，也可以采用连续型组距分组，如离散型变量企业数、职工人数、机器设备数；连续变量在组距式分组时只能采用连续型组距分组，如产值、身高、年龄、体重、学习成绩、工资收入等。

◆ **实例分析 [3 – 1]**

表 3 – 2 中某大型企业按职工人数分组是按连续型组距式分的组，也可以分成间断式（离散型）分组，500 人以下、501 ~ 1000 人、1001 ~ 2000 人、2001 ~ 5000 人、5001 人以上。

【小贴士】

为了遵循统计分组的互斥性和穷尽性原则要求，在进行组距式分组时，统计上特别规定了“上限不在内的”原则。

小思考：

请举例说明，为什么连续变量在组距式分组时必须进行连续型组距式分组？

2. 组距式分组又分为等距式分组和异距式分组。

（1）等距式分组。等距式分组是指各组的组距都相等的分组，如表 3－2 所示。

（2）异距式分组。异距式分组也称不等距分组，是指各组的组距不相等的分组，例如，某地各商业网点营业额按 5 万元以下、5 万～50 万元、50 万～500 万元、500 万～5000 万元、5000 万元以上。

3. 组距式分组还可分为闭口组分组和开口组分组。

（1）闭口组分组。在组距式分组中各组的上、下限齐全就称为闭口组分组。如上例中某地各商业网点营业额按 5～50 万元、50～500 万元、500～5000 万元，这几组就为闭口组。

（2）开口组分组。在组距式分组中如果组限不齐全就称为开口组分组，有的是缺下限，有的是缺上限。仍以上例说明，第一组 5 万元以下和最后一组 5000 万元以上。

【知识链接】

在组距分组中，需要用每组的组中值作为各组的代表值，因此计算出的组中值就可以代表每组的一般水平。具体计算方法：（1）闭口组组中值比较简单，即：组中值＝（上限＋下限）÷2；（2）开口组组中值：①缺下限的组的组中值＝上限－相邻组的组距÷2；②缺上限的组的组中值＝下限＋相邻组的组距÷2。

◆ **实例分析［3－2］**

上述商业网点营业额—例中的组中值计算如下：第二组 5～50 万元，组中值＝（5＋50）÷2＝27.5（万元）；第一组 5 万元以下，组中值＝5－45÷2＝－17.5（万元），最后一组 5000 万元以上的组中值＝5000＋4500÷2＝7250（万元）

五、统计分组的方法

任务实施

“霹雳行动”小组成员根据任务情境提供的资料，按照整理资料的步骤将数据资料进行分组整理编制成分配数列表。

操作示范

第一步，先将 110 个数据重新排序，找出最大值 154 和最小值 80，这个数列的全距为 74。

第二步，根据经验规定组距为 10，再根据组数与组距的关系确定组数为 8 组。

第三步，根据所定组数和组距，确定组限。第一组下限定为 80，上限则为 90（即 80＋10）；第二组下组限就是第一组上组限，第二组上组限为 100；以此类推，第八组下组限是 150，其上组限则是 160。

第四步，进行汇总整理，即将各个变量值归入相应的组中。比如 154 归入第八组（150～160）；133 归入第六组（130～140）；以此类推。最后的结果用次数分布表显示，见表 3－3 所示。

表 3－3　　年收入调查问卷次数分布表

年收入（千元）	人数（个）	比重（%）
80～90	8	7.3
90～100	9	8.2
100～110	26	23.6
110～120	30	27.3
120～130	18	16.4
130～140	12	10.9
140～150	5	4.5
150～160	2	1.8
合 计	110	100.0

牛刀小试

下面哪些分组是按数量标志分组的？

1. 职工按年龄分组
2. 人口按接受教育程度分组
3. 企业按资产规模分组
4. 汽车按排气量分组
5. 企业按税收任务完成百分比分组

任务三　数据的显示

【任务介绍】

◇ 数据显示的种类
◇ 统计表的种类
◇ 统计表的设计
◇ 统计表的编制
◇ 统计图的种类
◇ 统计图的制作

【任务目标】

◇ 了解数据显示的种类
◇ 熟悉统计表的种类与设计
◇ 掌握各种常见统计表的编制
◇ 了解常见统计图的种类
◇ 掌握常见统计图的制作

【任务导入】

"花儿"学习小组了解了统计整理的意义，尝试着将收集的数据资料进行整理，以便于进行统计分析，在收集了本班上学期的某课程的考试成绩后，尝试用合适的方式将整理好的数据进行展示。

以下为某班40名学生《统计学》考试成绩，分析该班学生考试情况

94 80 94 89 95 85 84 79 79 77 79 94 94 68 68 93 80 89
99 58 89 94 80 95 68 89 95 77 84 80 85 68 68 85 77 84
80 79 79 68

【任务分析】

根据前面所学知识，按照统计整理的步骤和方法。对搜集的资料经过审核后，现请将数据资料进行分组便于下一步汇总和显示。

【知识准备】

通过统计整理，杂乱的、不系统的数据变得条理化、系统化，使得现象分布特征呈现出来就是数据显示。数据显示的形式多种多样，统计表和统计图是应用最为广泛的形式。

在日常生活中，我们都能看到大量的统计表和统计图，统计表把杂乱的数据有条理地组织在一张简明的表格里，统计图则把数据形象地显示出来，显然，我们看统计表和统计图要比看那些枯的数字更有趣，当我们对某个实际问题进行研究时，也经常要使用统计表和统计图，因此，正确地使用统计表和统计图是做好统计分析的基本技能。

一、统计表

统计表又叫次数分布表或频数分布表，它是在统计分组的基础上，把总体的所有单位按组归并排列，形成以纵横交叉的线条来表现数据资料的表格。统计表包括两个要素，一是总体按某标志所分的组，即各组名称或各组变量值；二是各组所占有的总体单位数，即各组次数或频数。各组次数与总次数之比称频率，也称比重，见表3－4。频率具有如

下两个性质：（1）各组频率都是界于0和1之间的一个分数。（2）各组频率之和等于1。

表3－4　　某班学生成绩统计表

分数	人数（人）	频率（%）
60以下	1	2.50
60—70	6	15.00
70—80分	8	20.00
80—90分	15	37.50
90分以上	10	20.00
合计	40	100.00

分组　　次数　　频率

统计表是表现统计数据最基本的形式。利用统计表来表现统计资料，可以使数据更有条理，使人一目了然，便于阅读和检查，也便于计算和分析。在数据的收集、整理、描述和分析的每一个环节都要使用统计表，这里探讨的主要是整理和分析所用的统计表。

（一）统计表的构成

统计表从形式上看，一般由总标题、行标题、列标题和指标数值4部分组成，如表3－5所示

表3－5

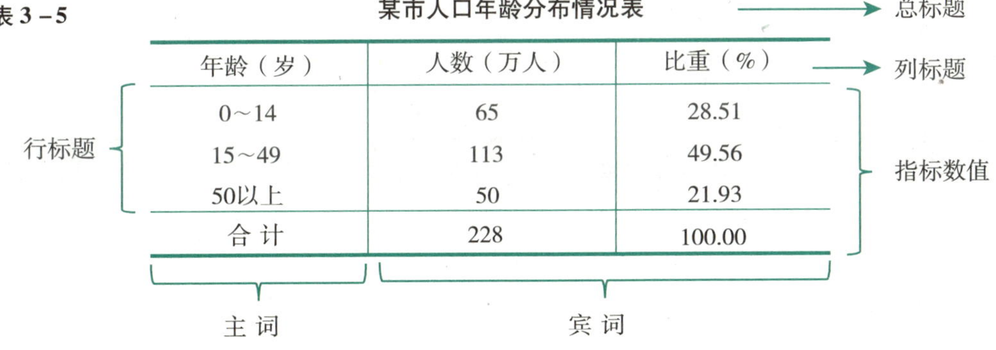

某市人口年龄分布情况表

年龄（岁）	人数（万人）	比重（%）
0～14	65	28.51
15～49	113	49.56
50以上	50	21.93
合 计	228	100.00

总标题是统计表的名称，用来概括说明统计表中全部资料的内容，一般写在表的上中央；行标题是统计表横行的名称，用来表示各组的组标志值，一般写在表的左方；列标题是统计表纵栏的名称，用来表示总体的统计指标或分组标志的名称，一般写在表的上方；指标数值在各行标题与列标题的交叉处，每一个数值的含义都由行标题和列标题共同限定。

【知识链接】

从内容上看，统计表由主词和宾词两部分构成。主词是统计表要说明的总体，摆放的是要说明总体的各个组标志值，一般排列在表的左方。宾词是说明总体各种统计指标，包括指标名称和指标数值，一般排列在表的右方。

（二）统计表的种类

统计表按照主词分组情况分类。按主词所选分组标志的多少分为简单分组表和复合分组表，当主词所选分组标志为一个时的统计表为简单分组表，当主词所选分组标志超过一个时的统计表为复合分组表，当分组标志既出现在行标题又出现在列标题的复合分组表被称作交叉分组表。按照分组的形式分为单项式统计表和组距式统计表，当每组所包含的变量值为一个的统计表为单项式统计表，当每组所包含的变量值为多个的统计表为组距式统计表。现以表3－6为基础，编制表3－7至表3－10，其中3－7、表3－8均为简单分组表，表3－9、表3－10为复合分组表，表3－7为单项式统计表，表3－8、表3－9、表3－10为组距式统计表。

表3－6　　某班级英语成绩表

分数	姓名	性别	分数	姓名	性别
99	范紫微	女	85	张路	女
99	周国庆	男	84	王亮	男
95	章小蕙	女	84	李明	男
95	孙晓亮	男	80	曹兵	男
94	李如意	女	79	宋涛	男
93	林佳佳	女	77	马帅	男
89	吕阳	男	77	赵伟	男
89	李佳佳	女	68	彭天成	男
89	赵琳	女	68	彭大力	男
85	李立强	男	58	李全兴	男

表3－7　　某班级英语成绩表

分数	人数	分数	人数
99	2	84	2
95	2	80	1
94	1	79	1
93	1	77	2
89	3	68	2
85	2	58	1

表3－8　　某班级英语成绩表

分数	学生人数（人数）
90～100	6
80～89	8
70～79	3
60～69	2
50～59	1
总计	20

表 3－9　　某班级英语成绩表

分数	学生人数（人）
90～100	6
男	2
女	4
80～89	8
男	5
女	3
70～79	3
男	3
60～69	2
男	2
50～59	1
男	1
总计	20

表 3－10　　某班级英语成绩表

行标签	男	女	总计
90～100	2	4	6
80～89	5	3	8
70～79	3		3
60～69	2		2
50～59	1		1
总计	13	7	20

（三）统计表的设计

由于使用者的目的以及统计数据的特点不同，统计表的设计在形式和结构上会有较大差异，但设计上的基本要求则是一致的。总体上看，统计表的设计应遵循科学实用的原则，并考虑简练、美观的要求。具体来说，应注意以下几项原则：

（1）统计表的标题要简明，确切地反映资料的主要内容以及资料所属的时间和空间范围。

（2）统计表主词和宾词的排列，应当合理有序，应根据时间的先后、数量的大小、空间的位置等自然顺序编排。一般按先局部后全体的顺序，即先列分项后列合计编排；但如果只打算列出全体中的部分项目，则先列合计，后列分项，并对下属各行用“其中”表示。

（3）统计表样数较多时，通常要加以编号，并说明其相互关系。在主词和计量单位等栏用（甲）、（乙）、（丙）……编号，在宾词栏用（1）、（2）、（3）……编号。如某栏数据是根据其他栏数字计算的，则应标明计算关系。

（4）统计表中的数字应注明计量单位。如全表用一种计量单位时，可在表的右上方注明；如计量单位不统一，横行的计量单位可设计量单位栏，纵栏的计量单位可与纵栏标题写在一起，指标名称与计量单位用“/”隔开。

（5）统计表的数字填写要注意对位整齐，同栏中的小数保留位数要一致，遇有相同值时应重新填写，不得用“同上”、“同左”等字样代替。没有数字或免填的格内用“—”表示，缺少资料或忽略不计的格内用“……”表示。

（6）统计表的格式般采用长方形，左右两端开口式。统计表上下两端的基线要用粗体或双线画出，表内如有两个以上不同的内容，也应用粗线或双线隔开。

（7）统计表的设计内容应设计紧凑，重点突出，富有表现力，反映问题一目了然，便于分析和比较。

（8）引用的统计资料，有时要在表的下方注明来源，以表示对他人劳动成果的尊重，以备读者查阅使用。制表完毕，经审核无误后，制表人和主管负责人应签名盖章，以示负责。

（四）统计表的编制

1. 单项式统计表的编制。

编制步骤：

（1）将调查所得资料按照数值由小到大或由大到小顺序排列。

（2）确定各组的变量值和组数，一般有多少个变量值就有多少组。

（3）汇总各变量值出现的次数，编制单项式统计表。

2. 组距式统计表的编制。

编制组距式统计表时，首先要计算组距、组数与组中值。

在组距式分组中，组距是各组上下限之间的距离，即各组最大标志值和最小标志值之差。例如，成绩分组中，60～70分，70～80分，其组距为10分（=70－60或80－70）。这一公式仅适用于计算连续组距式分组的组距大小，如果将这一公式套用于间断组距式，将会产生谬误。例如，商店规模按职工人数分组，分为1～5人、6～10人、11～15人等。套用上述公式，得出5－1（或10－6，15－11）=4，即组距为4人的结论，这显然是错误的。对于间断式分组的组距大小的计算，采用公式：组距=上组下限－本组下限。

【知识链接】

全距是总体中最大的标志值与最小的标志值之差。组数的多少取决于两个因素，一个是总体的全距，一个是组距。在等距分组的条件下，组数等于全距除以组距。在组距既定的条件下，全距大则组数多，全距小则组数少；在全距既定的条件下，组距大则组数少，组距小则组数全距是客观存在的事实，不以人的意志为转移，所以，确定组数的关键是确定组距。决定组数的多少，并无规则可言，必须凭借经验和所研究问题的性质作出判断。

当各组标志值均匀分布时，组中值代表各组标志值的水平，其代表性就高。因此，分组时应注意：

（1）尽可能使组内各单位标志值分布均匀。

（2）为避免产生过大的计算误差，在选取各组上、下限时，应尽可能使组中值恰为整数。

（3）开口组的组中值的确定。在编制组距式变量数列时，使用“××以上”或“××以下”这样不确定组距的组，称为开口组，之前已有讲述。

3. 累计频数（或频率）统计表的编制。

按顺序列出各组标志值范围（或以各组组中值来代表）和相应的频率形成的统计表，被称作频率统计表。在研究频数和频率分布的时候，为了更简单的概括总体单位的分布特征，我们常常还编制累计频数（或频率）统计表。累计频数（或频率）统计表分为向上累计频数（或频率）统计表和向下累计频数（或频率）统计表。

（1）向上累计频数（或频率）统计表编制步骤。

①列出各组的上限；

②由标志值低的组向标志值高的组依次累计频数（或频率）。

（2）向下累计频数（或频率）统计表编制步骤。

①列出各组的下限；

②由标志值高的组向标志值低的组依次累计频数（或频率）。

累计频数（或频率）具有如下两个特点：一是第一组的累计频数（或频率）等于第一组本身的频数（或频率）；二是最后一组的累计频数等于总体单位数，最后一组的累计频率等于1。

【知识链接】

向上累计频数（或频率）列出的是各组上限，如果组标志值是降序排列，表示各组上限以下有多少，如果组标志值是升序排列，表示各组上限以上有多少。

向下累计频数（或频率）列出的是各组下限，如果组标志值是降序排列，表示各组下限以上有多少，如果组标志值是升序排列，表示各组下限以下有多少。

（五）统计表的编制操作方法

任务实施

“花儿”小组成员根据任务情境提供的资料，将数据资料进行分组整理编制成分配数列表，进行相应的统计表的制作。

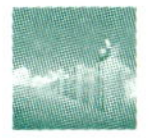

操作示范

1. 单项式统计表的制作步骤。

先将学生的分数数据是由大到小的顺序排列：

99、95、95、95、94、94、94、94、94、93、89、89、89、89、85、85、85、84、84、84、80、80、80、80、80、79、79、79、79、79、77、77、77、68、68、68、68、68、68、58 共有12个变量值，也就是12组；

汇总各个变量值出现的次数，然后编制单项式统计表，如表3－11所示。

表 3-11　　　　某班级统计学成绩表

分数	人数	分数	人数
99	1	84	3
95	3	80	5
94	5	79	5
93	1	77	3
89	4	68	6
85	3	58	1

2. 组距式统计表的编制步聚。

（1）将变量按由小到大或由大到小的顺序排列，以看出变量值变动的范围大小，并确定全距，即全距 = 最大变量值 - 最小变量值，本班级学生成绩，确定全距 =99 -58 =41

（2）确定组距和组数。

等距分组：变量值变动区间的长度相等。异距分组：变量值变动区间的长度不完全相等。

确定组距的原则：要能区分各组的性质差异，要能反映总体资料的布特征。为方便计算，组距尽可能为 5 或 10 的整数倍。本任务中分数按等距分组，组距为 5 或 10 的倍数 10。

（3）确定组限及组限的表示方法。组限确定为 50-60 分，60-70 分，70-80 分，80-90 分，90-100 分。

（4）将各个变量值划分到不同的组限，然后计算频数，编制组距式统计表如表 3-12 所示。

表 3-12　　　　某班级统计学成绩表

分数	学生人数（人数）
90-100	10
80-90	15
70-80	8
60-70	6
50-60	1
总计	40

3. 累计频数（或频率）统计表的编制步骤。

现仍以 40 名学生成绩的资料为例，来编制向上、向下累计频数表。

（1）列出各组的上限，分别是 90、80、70、60。

（2）由标志值低的组向标志值高的组依次累计频数（或频率）

（3）列出各组的下限，分别是 60、70、80、90。

（4）由标志值高的组向标志值低的组依次累计频数（或频率）。

表 3 - 13　　某班学生成绩统计表

分数	频数/人	频率/%	向上累计频数/人	向下累计频数/人	向上累计频率/%	向下累计频率/%
60 分以下	1	2.5	1	40	2.5	100
60 - 70 分	6	15	7	39	17.5	97.5
70 - 80 分	8	20	15	33	37.5	82.5
80 - 90 分	15	37.5	30	25	75	62.5
90 分以上	10	25	40	10	100	25

二、统计图

（一）统计图的意义

统计图是以点、线条、面积等几何图形或具体事物的形象来描述、显示统计资料的一种形式。用统计图表现统计资料，可使其一目了然、形象具体、便于理解。

（二）统计图的种类

统计图的种类比较多，常见的统计图有条形图、饼图、折线图等几种形式。

1. 条形图。

条形图是以宽度相等的条形长短或高度来比较统计资料数值大小或多少的一种图形。对于单项式统计表或离散型变量，可用条形图来显示各类数据的频数、频率分布情况。

2. 饼图。

饼图是以一个圆的面积表示事务的整体，以扇形面积表示各部分占整体的百分数的统计图。当需要反映部分与部分、部分与整体之间的数量关系时，用饼图来表示。最适宜用饼图来表示单项式统计表的频数分布情况。因为它没有起点和终点，图中的各部分看不出顺序，这与单项式统计表中各组的平等关系特征是一致的。

3. 折线。

折线图是将排列在工作表的列或行中的数据绘制到图中并相连。折线图可以显示随时间（根据常用比例设置）而变化的连续数据，因此非常适用于显示在相等时间间隔下数据的趋势。

在折线图中，类别数据沿水平轴均匀分布，所有值数据沿垂直轴均匀分布。

（三）统计图的绘制

任务实施

“花儿”小组成员根据任务情境提供的资料，根据做好的统计表，进行相应的统计图的制作。

操作示范

1. 条形图的绘制。

针对表 3－7 某班级英语成绩表在 excel 中用条形图来表示，见图 3－1。

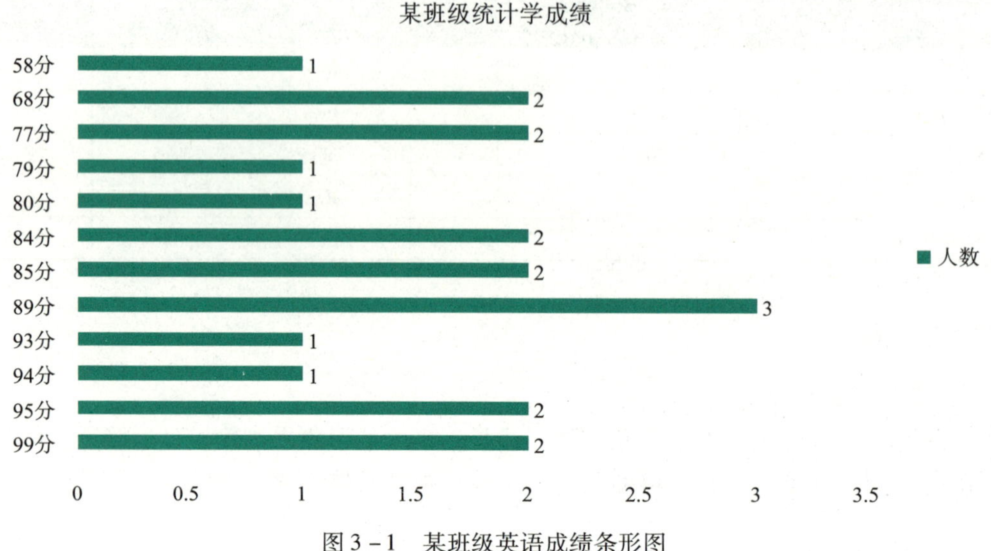

图 3－1　某班级英语成绩条形图

操作步骤：

（1）将表 3－7 中内容录入到 EXCEL 工作表中，如图 3－2 所示

	A	B
1	某班级统计学成绩表	
2	分数	人数
3	99	1
4	95	3
5	94	5
6	93	1
7	89	4
8	85	3
9	84	3
10	80	5
11	79	5
12	77	3
13	68	6
14	58	1

图 3－2　某班级英语成绩制作条形图原始资料

（2）选中 B3：B14 区域，单击［插入］菜单下的［插入柱形图或条形图］中的［二维条形图］，通过修改图表标题、添加与修改图例、修改横纵坐标、添加数据标签等操作，结果完成图 3－1 的制作。

2. 饼图的绘制。

表 3－7 某班级统计学成绩表也可以用饼图来表示，见图 3－3。

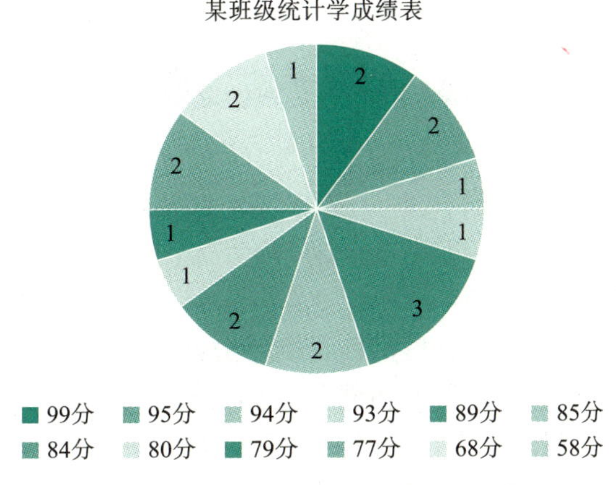

图 3－3　某班级英语成绩饼图

操作步骤：

（1）将表 3－7 中内容录入到 EXCEL 工作表中，如图 3－4 所示。

	A	B
1	分数	频数/人
2	60分以下	1
3	60－70分	6
4	70－80分	8
5	80－90分	15
6	90分以上	10

图 3－4　某班级统计学成绩制作饼图原始资料

（2）选中 B2：B6 区域任意一个单元格，单击［插入］菜单下的［插入饼图或圆环图］中的［二维饼图］，生成饼图，通过修改图表标题、添加与修改图例、修改横纵坐标、添加数据标签等操作，结果完成图 3－3 的制作。

3. 折线图的绘制。

根据表 3－8 在 excel 中绘制折线图，见图 3－5。

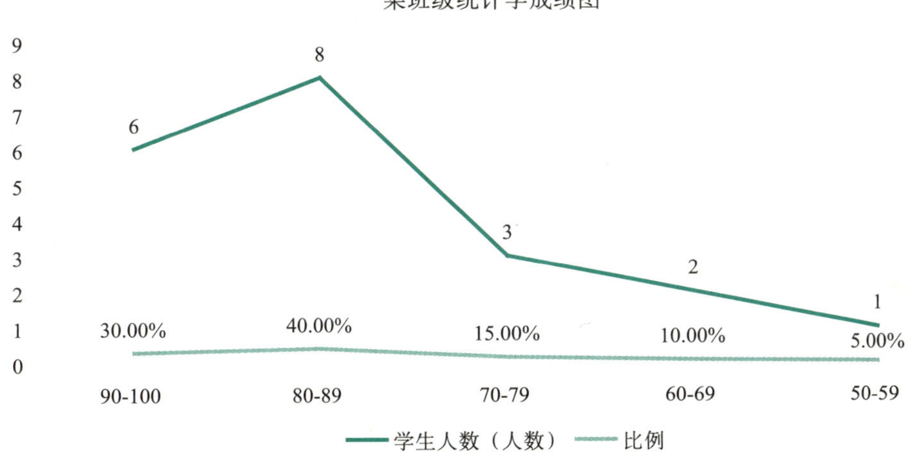

图 3－5　某班级英语成绩折线图

项目小结

1. 统计整理是根据统计研究的任务与要求，对调查所取得的各种原始资料进行审核、分组、汇总，使之系统化、条理化，从而得到反映总体特征的综合资料的过程；统计整理是统计工作过程中的承前启后的重要环节。

2. 统计整理的步骤，主要分为资料审核、统计分组、数据汇总显示。

3. 统计分组是根据研究任务的要求和现象总体的内在特点，把统计总体按照某一标志划分为若干性质不同又有联系的几个部分的一种统计方法；统计分组应达到组内的同质性和组间的差异性、归属的是唯一性和分组的完整性。

4. 统计分组的两个关键问题——分组标志的选择和划分各组的界限；统计分组可以从不同的角度进行分类：

（1）按照统计的任务和作用的不同分为
- 类型分组
- 结构分组
- 分析分组

（2）按照分组标志的多少统计分组分为
- 简单分组
- 复合分组

（3）按照分组标志的性质不同分为
- 品质分组
- 变量分组
  - 单项式
  - 组距式
    - 离散型
    - 连续型
      - 等距式
      - 异距式
        - 闭口组
        - 开口组

5. 数据的显示是统计整理的结果，用统计表和统计图来表示。

项目四
统计常用指标

统计学是一门独立的社会科学，它通过一套独特的统计方法对大量社会经济现象的量的方面进行研究，探索社会经济发展规律在具体地点、具体时间条件下的数量表现。数量性是统计学最显著的一个特点，统计工作要实现对总体的数量特征及其数量关系的认识，就需要运用统计中指标和指标体系的知识，因此认识统计常用指标是开展统计工作的基础。

学习目标

1. 理解总量指标的含义及种类。
2. 掌握相对指标的种类及计算方法。
3. 掌握平均指标的种类及计算方法。
4. 掌握变异指标的种类及计算方法。

项目介绍

按其作用和表现形式不同进行分类是统计指标常用的分类方法，根据该分类方法分类的结果，“统计常用指标”这一阶段的项目可以分解为以下工作任务。

任务一 总量指标

任务二 相对指标

任务三 平均指标

任务四 变异指标

任务一　总量指标

【任务介绍】

◇　介绍总量指标的含义与种类

◇ 介绍总量指标统计的要求

【任务目标】

◇ 了解总量指标在社会经济统计中的作用
◇ 掌握总量指标统计时的要求

【任务导入】

全国20省市2017年GDP数据出炉

据国家统计局初步核算，2017年全年国内生产总值827122亿元，中国的GDP总量站上80万亿元台阶。截至2018年1月23日，北京、上海、山东、河南、陕西等20个省市公布了2017年的GDP数据（表4-1）。

表4-1　　北京等20个省市2017年GDP数据

省份	GDP总量（单位：亿元）	省份	GDP总量（单位：亿元）
山东	72678.18	江西	20818.50
河南	44988.16	广西	20396.25
四川	36980.20	天津	18595.38
湖北	36522.95	黑龙江	16199.90
湖南	34590.56	山西	14973.50
福建	32298.28	贵州	13540.83
上海	30133.86	新疆	10920.00
北京	28000.40	海南	4462.54
安徽	27518.70	宁夏	3453.93
陕西	21898.81	青海	2642.80

数据来源：中新网。

【任务分析】

从以上数据来看，山东省以7.27万亿元的经济总量暂列第一，河南、四川分别以近4.5万亿元和3.7万亿元的经济总量暂位列第二、三位。宁夏和青海GDP总量较低，分别为3453.93亿元和2642.8亿元。上述资料中的数值变量均属于总量指标，那什么是总量指标？它又如果应用呢？

【知识准备】

一、总量指标的概念

总量指标是反映一定时期、地点和条件下社会经济现象发展的总规模、总水平的综合指标。总量指标一般用绝对数表示，所以又称绝对数指标。例如一个国家的国内生产总值、人口数、面积数；某个企业的销售收入、利润额、库存金额等都是总量指标。

二、总量指标的作用

总量指标是统计中最基本的指标，在社会经济统计中，总量指标有着重要作用，具体表现为：

1. 总量指标是认识社会经济现象的起点。

人们要了解一个国家、地区或企业的基本情况，首先必须准确地掌握对应的现象总体在一定时间和空间下的规模和水平，然后才能够进行其他对比、分析和研究。例如各个省份之间比较，最先想到的是国内生产总值、人口数、面积数；企业之间比较，首先想到的是销售额、利润额。

2. 总量指标是制定政策、编制计划、实行经营管理的主要依据。

国家、企业制定政策、编制计划、实行经营管理都离不开总量指标。国家制定“十二五”规划、“十三五”规划，都是依据每年各行业的综合生产情况制订的。企业制订销售计划，都是根据行业规模、企业历年销售规模等情况制订的。

3. 总量指标是计算相对指标和平均指标的基础。

相对指标和平均指标一般是两个总量指标对比的结果，是总量指标的派生指标，总量指标是否科学、合理，将会直接影响相对指标、平均指标的计算结果。

三、总量指标的种类

1. 总量指标按反映总体内容的不同分类。

按反映总体内容不同，总量指标分为总体单位总量和总体标志总量。总体单位总量是反映总体单位数多少的总量指标；总体标志总量是反映总体单位某一数量标志值总和的总量指标。例如，对某地区居民的粮食消费情况进行研究，该地区居住的人口数是总体单位总量，居民的粮食消费总数则是总体标志总量。在一个特定的总体内，总体单位总量只能是1，但可以存在多个总体标志总量，构成一个总量指标体系。例如，某地区工业企业生产经营情况统计资料如表4－2所示：

表4－2　　某地区某年各经济类型的主要经济指标

经济类型	企业数	工人数	总产值（万元）	实现利税（万元）	年末固定资产总值（万元）
国有	264	93900	334510	83650	32376
民营	170	75800	267585	59780	24378
其他	171	6670	205348	58397	23538

一个总量指标究竟是总体单位总量指标还是总体标志总量指标，并不是固定不变的，是随着统计研究目的和被研究对象的变化而变化。例如，研究该地区粮食消费价格，粮食消费总量变为总体单位总量指标，粮食消费总额则变为总体标志总量指标。

2. 总量指标按所反映的时间状况不同分类。

按反映的时间状况不同，总量指标分为时期指标和时点指标。时期指标反映社会经济现象在一段时间内发生的总量，例如国内生产总值、商品销售额、出生人口数；时点指标反映社会经济现象在某一时刻上的总量。例如，设备台数、商品库存金额、人口数、银行存款余额等。

（1）时期指标具有如下特点：

①不同时期的指标数值具有可加性，相加后表示较长时期现象的总的发展水平。例如，一年内 12 个月的商品销售金额相加就得到全年的商品销售金额。

②时期指标数值大小与包含的时期长短有直接关系。一般情况下，包含时期越长，指标数值越大，时期越短，指标数值越小。例如，2017 年某企业全年的商品销售金额与 2016 至 2017 年该企业两年的商品销售金额进行比较，前者时期短，指标数值小，后者时期长，指标数值大。

③时期指标数值是连续登记、累计的结果。例如，企业年度商品销售金额是每一天的销售金额累计得到的。

（2）时点指标具有如下特点：

①不同时点的指标不具有可加性，相加后没有实际意义。例如，某企业 1 月 1 日的库存金额是 100 万，1 月 2 日的库存金额是 110 万元，1 月 3 日的库存金额是 105 万，三者相加没有实际意义。

②时点指标的数值大小与其时间间隔长短无直接关系。例如企业的库存金额月末不一定大于月初，年末也不一定大于年初。

③时点指标数值是间断统计的，因为不可能对每一时点的数量都进行登记，通常是每隔一段时间登记一次。

区分时期指标和时点指标决定了统计处理与应用上的不同，在运用时期指标和时点指标时，注意同一指标若从不同的角度考虑，则总量指标的性质也不同。例如，年末人口数和年初人口数都是时点指标，但年末人口数 - 年初人口数 = 人口净增数，则为时期指标。

四、总量指标的计量单位

计量是确定和计算总量指标的基础。计量准确与否直接影响总量指标反映客观现象的准确程度。根据总量指标反映的社会经济现象的性质不同，总量指标的计量单位一般有实物单位、货币单位和劳动单位三种形式。

实物单位是根据事物的属性和特点而采用的计量单位。实物单位包括自然单位，如企业按个、设备按台；度量衡单位，如布料按米、粮食按公斤；复合单位，如货运量按吨公里、客运量按人公里；标准实物单位，如将含热量不同的煤以每公斤发热量 7000 大卡的煤为标准单位进行折算。

货币单位是用货币来度量社会财富或劳动成果的一种计量单位。如国内生产总值、固定资产投资额、商品销售额、商品库存金额、利润额等。

劳动单位是用劳动时间表示的计量单位。如工时、工日等，借助劳动单位计算的劳动总消耗量指标确定劳动规模，可以作为评价劳动时间利用程度和计算劳动生产率的依据。

五、总量指标统计的要求

为使总量指标资料准确，在进行总量指标统计时有如下要求。

1. 对总量指标的实质，包括其含义、范围作严格的确定。总量指标的计算，并非单纯的汇总技术问题。有一些总量指标，如人口数、企业数，从表面上看是比较简单的，但是首先要对“工业企业的含义加以确切界定，才能统计出准确的工业企业数。又如在计算工业总产值时，就有一个工业概念的确定，然后是关于总产值包括范围的问题，才能进行正确的统计。

2. 计算实物总量指标时，要注意现象的同类性。实物指标通常对于物质产品而言。同类性意味着同名产品，它直接反映产品同样的使用价值和经济内容，无疑是可以综合汇总的。而对于不同类现象则不能简单相加汇总，计算其实物指标，比如简单地对铜、煤、粮、棉等产品进行直接汇总是毫无意义的。不过我们对现象同类性的要求不能绝对化。例如，计算货物运输量总量时，产品的同类性就不成为计算的条件，因为它只要求通过货物的重量和里程，计算货物量和货物周转量。

3. 要有统一的计算单位。在计算实物指标总量时，不同实物单位代表不同类现象，而同类现象又可能因历史或习惯的原因采用不同的计量单位。计算单位如不统一就容易造成统计上的差错或混乱，所以，重要的总量指标和实物单位，应按照全国统一规定的指标目录中的单位计量。

任务二　相对指标

【任务介绍】

◇　介绍相对指标的概念和表现形式

◇　介绍相对指标的作用

◇　介绍相对指标的种类及计算方法

【任务目标】

◇　掌握相对指标的种类及计算方法

◇　清楚相对指标的应用原则

【任务导入】

居民收入增长跑赢了经济增速

截至 2018 年 1 月 23 日，北京、上海、山东、河南、四川等 10 个省市公布了 2017 年的 GDP 总量、GDP 增速、人均可支配收入、人均可支配收入增速等数据（表 4－3）。

表 4－3

省份	GDP 总量（单位：亿元）	GDP 增速	人均可支配收入（单位：元）	人均可支配收入增速
山东	72678. 18	7. 40%	26930	7. 50%
河南	44988. 16	7. 80%	20170. 03	9. 40%
四川	36980. 20	8. 10%	20580	7. 90%
湖南	34590. 56	8. 00%	23103	9. 40%
上海	30133. 86	6. 90%	58988	6. 80%
北京	28000. 40	6. 70%	57230	6. 90%
广西	20396. 25	7. 30%	19905	7. 00%
天津	18595. 38	3. 60%	37022	8. 70%
贵州	13540. 83	10. 20%	16704	10. 50%
海南	4462. 54	7. 00%	22553	6. 20%

数据来源：中新网

【任务分析】

从 10 省市的 GDP 增速数据来看，贵州省以 10. 20% 暂列 GDP 增速第一。从人均可支配收入增速与 GDP 增速相比较，多数省市人均可支配收入增速超过了该省的 GDP 增速，也就是说，居民收入增长跑赢了经济增速。上述资料中的 GDP 增速和人均可支配收入增速均属于相对指标。那什么是相对指标？它又如果应用呢？对 10 省市 GDP 总量指标数据进行对比，贵州省位于倒数第二，但从 GDP 增速和人均可支配收入增速两个相对指标进行对比发现，贵州省均排在 10 省市第一位。那相对指标与总量指标之间到底是什么关系呢？

【知识准备】

一、相对指标的意义和表现形式

（一）相对指标的概念和作用

相对指标是指两个有联系的指标数值之比，以反映经济现象之间的数量对比关系，通常又称相对数指标。例如人口的性别比例和年龄构成、人口的出生率和死亡率、人口密度等。相对指标的作用主要表现在以下两个方面：

1. 相对指标为人们深入认识事物发展的质量与状况提供了客观的依据。社会经济现象总是相互联系、相互制约，我们要分析一种社会经济现象，仅仅利用某一项指标，而不把有关指标联系进行比较分析，就难以对事物发展规模的大小、变化速度的快慢、各种比例协调与否有深刻、全面的认识。例如 2016 年，我国货物进出口总值为 243345 亿元，其中出口为 138409 亿元，进口为 104936 亿元，仅凭这些指标我们难以对我国外贸经济发展进行分析和评价。如果把它同 2007 年的进出口总值 166924 亿元，出口 93627 亿元，进口 73297 亿元进行对比，计算出相应的相对指标，就会认识到我国对外贸易规模扩大、速度加快、进出口结构相对稳定并进一步改善的状况。

2. 计算相对指标可以使不能直接对比的现象找到可以对比的基础，进行更为有效的分析。例如，我们考察不同类型企业生产经营情况，出于条件不同、产品不同，一般不能用产值指标直接对比，但如果我们都以各自的工人人数、能源消耗和利润指标作为依据计算劳动生产率、单位产值能耗和产值利润率指标，就可以进行比较，寻找差距，深入分析。

（二）相对指标的表现形式有两种：无名数和有名数。

1. 无名数。

相对指标一般表现为无名数，它是一种抽象化的数值，常以倍数、系数、成数、百分数、千分数等表示。倍数或系数是以 1 作为对比基数而计算的相对数。将两个指标进行对比计算时，如果分子和分母的数值相差较大，则用倍数表示，如果分子和分母的数值相差不大，则用系数表示，如恩格尔系数、积累系数等。成数是以 10 作为对比基数而计算的相对数，如今年的工业产值比去年增长了三成，就是增加了 3/10。百分数是以 100 作为对比基数而计算的相对数，它是运用中最常见的一种表现形式，如农民的消费指数、物价指数等。千分数以 1000 作为对比基数而计算的相对数，当对比的分母很大时，会运用千分数或万分数表示，如人口出生率。

2. 有名数。

有名数是指对比的两个指标的性质不相同，即计量单位不相同。有名数是将相对指标中的分子和分母的指标计算单位同时使用，形成双重单位。例如，人口密度用“人/平方公里”表现，平均每人分摊的粮食用“公斤/人”表现等。

现象数值的比率，用以反映现象的发展程度、结构、强度、普遍程度或比例关系。

二、相对指标的种类及计算方法

1. 结构相对指标。

结构相对指标是将两个有从属关系的总量指标进行对比得到的，用以说明总体内部各个部分在总体中所占的比例，通过比例来说明总体内部结构，有助于我们深刻认识事物各个部分的特殊性质及其在总体中所占有的地位。结构相对指标的计算结果通常用百分数来表示。

计算公式为：

$$结构相对指标 = \frac{总体中某一部分的数值}{总体总量} \times 100\%$$

◆ **实例分析 [4-1]**

2016 年河南省生产总值见表 4-4，求各产业的比例。

表 4-4　河南省生产总值

行业	产值（亿元）	比例（%）
第一产业	4339.49	9.65
第二产业	21449.99	47.68
第三产业	19198.68	42.67

注：数据来源于《2017 年统计年鉴》。

结构相对指标的特点：

（1）各部分计算结果小于 1；

（2）各部分计算结果之和等于 1；

（3）分子、分母不能互换。

2. 比例相对指标。

比例相对指标是同一总体内不同组成部分的指标数值对比的结果，它可以表明总体内部各部分的比例关系和平衡状况。利用比例相对指标可以分析国民经济中各种比例关系和平衡状况，调整不合理的比例，促使社会主义市场经济稳步协调发展。比例相对指标的计算结果通常以用百分数或几比几来表示。

计算公式为：

$$比例相对指标 = \frac{总体中某一部分数值}{总体中另一部分数值}$$

◆ **实例分析 [4-2]**

2017 年末，河南省常住人口 10852.85 万人，其中男性人口 4856.04 万人，女性人口 4703.09 万人，总人口性别比例（以女性为 100，男性对女性的比例）为 103.25%

$$男女性别比例 = \frac{4856.04}{4703.09} \times 100\% = 103.25\%$$

比例相对指标的特点：

（1）分子与分母一般是总量指标对比，但有时也可以用总体各部分的相对数或平均数对比；

（2）分子分母可以互换。

3. 比较相对指标。

比较相对指标是同一时间，不同国家、不同地区、不同单位的某项指标对比的结果。运用比较相对指标对不同国家、不同地区、不同单位的同类指标进行对比，有助于揭露矛盾、找出差距、挖掘潜力，促进事物的进一步发展。比较相对指标的数值通常用百分数或倍数来表示。

◆ **实例分析 [4-3]**

2017 年，河南省的国内生产总值是 44988.16 亿元，山东省国内生产总值是 72678.18 亿元，四川省国内生产总值为 36980.20 亿元，则山东省国内生产总值为河南省国内生产总值的 1.62 倍，而河南省国内生产总值是四川省国内生产总值的 1.22 倍。

比较相对指标的特点：

（1）对比的分子、分母必须是同质现象；

（2）分子、分母可以互换。

4. 强度相对指标。

强度相对指标是两个性质不同而有一定联系的总体总量指标对比的结果，用来描述现象的强度、密度、程度的统计指标。强度相对指标能够说明社会经济现象的强弱程度，在反映一个国家的经济实力时，被广泛地应用。

计算公式为：

强度相对指标 = 某一总体的总量指标/另一有联系的总体的总量指标 × 100%

◆ **实例分析 [4-4]**

2017 年，国内生产总值为 827122.00 亿元，全年粮食产量 61791 万吨，全年粮食种植面积 11222 万公顷，年末人口数 139008 万人，则：

$$人均国内生产总值 = \frac{国内生产总值}{人口数} = \frac{827122.00\ 亿元}{139008\ 万人} = 59502\ 元/人$$

$$人均粮食产量 = \frac{粮食产量}{人口数} = \frac{61791\ 万吨}{139008\ 万人} = 444.51\ 公斤/人$$

$$每公顷粮食产量 = \frac{粮食产量}{土地面积} = \frac{61791\ 万吨}{11222\ 万公顷} = 5.50\ 吨/公顷$$

$$人均拥有的种植面积 = \frac{土地面积}{人口数} = \frac{11222\ 万公顷}{139008\ 万人} = 0.081\ 公顷/人$$

强度相对指标具有“平均”意义，但不是平均数，因为强度相对指标是两个有联系的但没有依存关系的不同总体的总量指标对比的结果。平均数是同质总体的标志总量和总体单位数的比率关系，它要求总体标志总量必须是总体各单位标志值的总和，标志值和单位之间存在一一对应关系。例如，全国人均粮食消费量是平均数，因为每个人都消费粮食；全国人均粮食产量是强度相对数，因为粮食产量并不是每个人都具有的标志，并不是每个人都生产粮食。

强度相对指标有正指标和逆指标之分，但能够计算正、逆指标的只是少数。

强度相对指标的特点：

（1）不同总体对比；

（2）具有平均意义；

（3）分子、分母可以互换。

5. 动态相对指标。

动态相对指标也称发展速度，它是同类现象在不同时间状态的数值对比的结果。表明同类事物在不同时间状态下的对比关系，说明社会经济现象在时间上的运动、发展和变化。通常把用来作为比较标准的时期称为“基期”，而把同基期对比的时期称为“报告期”。

计算公式为：

$$动态相对指标=\frac{报告期指标数值}{基期指标数值}$$

◆ 实例分析［4－5］

我国近5年国内生产总值如表4－5所示，求动态相对指标。

表4－5　我国近5年国内生产总值及动态相对数

年份	国内生产总值（亿元）	动态相对指标（以2013年基期）
2013	595244	1
2014	643974	1.08
2015	689052	1.16
2016	743585	1.25
2017	827122	1.39

注：数据来源于中国统计网。

动态相对指标应用非常广泛，本书将在后面有关章节中进一步介绍，在此不再赘述。

6. 计划完成程度相对指标。

计划完成程度相对指标是某一时期实际完成的指标数值与计划任务规定指标数值对比的结果，反映完成计划的相对数。一般用百分数表示，也称计划完成百分比。按期检查计划执行情况，保证计划完成，对于加强经济和社会管理，促进国民经济和社会发展有着重要意义，所以计划完成程度相对指标是统计中很重要的指标。

计算公式为：

$$计划完成程度相对指标=\frac{实际完成指标数值}{计划任务指标数值}\times 100\%$$

由于计划有短期计划，也有长期计划，考核计划执行情况也分为短期计划完成程度和长期计划完成程度的检查。

（1）短期计划完成程度的检查。计划任务指标数值是计算计划完成程度相对指标的基数，由于它的表现形式不同，计划完成程度相对指标在形式上也各有所异。

①计划任务指标数值为绝对数。当计划任务数和实际任务数为同一时期时，一般适用于考核实际完成的总规模或总水平。可用基本公式计算计划完成程度相对指标。

◆ 实例分析［4－6］

某企业计划2017年度实现利润500万元，实际实现利润540万元，则有：

$$该企业利润的计划完成程度相对指标=\frac{540}{500}\times 100\%=108\%$$

计算结果表明，该企业年度利润超额完成8%。

当实际完成数所包含的时期只是计划期的一部分时，计算计划完成程度的检查实际变成计划执行进度的检查，其计算公式为：

$$计划完成程度相对指标=\frac{累计至报告期止指标数值}{计划期全期累计数}\times 100\%$$

◆ **实例分析 [4-7]**

某企业计划 2017 年度实现利润 500 万元，其中第一季度完成 100 万元、第二季度完成 150 万元，第三季度完成 200 万元，则有：

$$\text{该企业前三季度完成计划程度相对指标} = \frac{(100+150+200)}{150} \times 100\% = 90\%$$

按计划前三季度应达到 75%，计算结果表明前三季度超额完成了计划的 15%。

②计划任务指标数值为相对数。在实际工作中，当计划任务数是用提高或降低的百分比来表示时，计划完成程度相对指标为实际完成的百分数与计划任务百分数对比的结果。此时，计算计划完成程度相对指标的公式为：

$$\text{计划完成程度相对指标} = \frac{\text{实际完成百分数}}{\text{计划任务规定百分数}} \times 100\%$$

或，

$$\text{计划完成程度相对指标} = \frac{1 \pm \text{实际升降百分数}}{1 \pm \text{计划升降百分数}} \times 100\%$$

◆ **实例分析 [4-8]**

某企业 2017 年工人劳动生产率计划提高 10%，实际工人劳动生产率提高 15%，则

$$\text{该企业劳动生产率计划完成程度相对指标} = \frac{1+15\%}{1+10\%} \times 100\% = 104.5\%$$

计算结果表明，该企业工人劳动生产率提高计划完成程度为 104.5%，超计划完成 4.5%。

◆ **实例分析 [4-9]**

某企业计划 2017 年产品的单位成本要比上年下降 5%，而实际却比上年下降了 6%，

$$\text{则该企业单位成本的计划完成程度相对指标} = \frac{1-6\%}{1-5\%} \times 100\% = 98.95\%$$

计算结果表明，该企业产品成本降低率，实际比计划降低 1.05%。

③计划任务指标数值为平均数。当计划任务是以平均数规定时，则以实际达到的平均数除以计划规定的平均数。此时，计划完成程度相对指标的公式为：

$$\text{计划完成程度相对指标} = \frac{\text{实际平均数}}{\text{计划平均数}} \times 100\%$$

它适用于考核以平均水平表示的技术经济指标的计划完成程度，如工业生产中的劳动生产率、单位产品的消耗额等的计划完成程度。

◆ **实例分析 [4-10]**

某企业计划规定 2017 年产品的单位成本为 150 元，实际消耗 148 元，则有：

$$\text{该企业单位成本的计划完成程度相对指标} = \frac{148}{150} \times 100\% = 98.67\%$$

计划结果表明，该企业产品单位成本超额完成计划，节约了 1.33%。

(2) 长期计划完成程度的检查。在考核长期计划(如“十三五”规划)的执行情况时，由于计划指标有两种不同的制定方式，长期计划完成程度的检查方法就分为水平法和累计法两种。

①水平法。如果计划任务(指标)为期末那一年规定应达到的水平时，则应采用水平法来检查计划的完成程度，其计算公式为：

$$计划完成程度相对指标=\frac{计划期最后-期实际达到的水平}{计划期最后-期规定达到的水平}\times 100\%$$

利用水平法检查长期计划执行情况时，计算提前完成计划的时间，是以连续 12 个月的实际完成数达到计划期最后一期规定达到的水平，则往后的时间均为提前完成长期计划的时间。

◆ **实例分析 [4-11]**

某企业在运营期制定五年计划，计划在最后一年的利润要达到 100 万元，具体计划执行情况如表 4-6 所示。

表 4-6　某企业运营期实际完成情况　单位：万元

时间	第一年	第二年	第三年		第四年				第五年			
			上半年	下半年	一季度	二季度	三季度	四季度	一季度	二季度	三季度	四季度
利润	75	80	40	45	22	23	24	26	27	28	28	30

按照表 4-6 的资料计算：

$$计划完成程度相对指标=\frac{27+28+28+30}{100}\times 100\%=113\%$$

结果说明该企业最后一年超额完成计划的 13%。提前完成计划的时间的计算结果为：按连续一年的时间计算，从第四年的第二季度到第五年的第一季度实际利润已经达到 100 万元，达到了计划规定的最后一年的利润额，因此提前三个季度完成五年计划。

②累计法。如果计划任务(指标)按计划期内各期总和应达到的水平规定时，则采用累计法来检查计划的完成程度。累计法就是整个计划期间实际完成的累计数与同期计划数相比较，来计算计划完成程度相对指标。其计算公式为：

$$计划完成程度相对指标=\frac{计划期实际累计完成指标数值}{计划任务规定累计指标数值}\times 100\%$$

累计法实际提前完成计划时间的计算是将计划期的全部时间减去完成任务所用的时间。

◆ **实例分析 [4-12]**

某地区五年计划规定固定资产投资额要达到 500 万元，其实际资料如表 4-7 所示。

表 4-7　某地区固定资产投资额　单位：万元

时间	第一年	第二年	第三年	第四年	第五年	
					上半年	下半年
投资额	100	110	110	120	60	66

$$计划完成程度相对指标=\frac{100+110+110+120+60+66}{500}\times 100\%=113.2\%$$

该企业超额完成计划规定投资额的13.2%，超额完成的投资额为66万元。

由表4-7资料计算得知，该地区到第五年上半年已完成固定资产的投资额为500万元，提前半年完成计划。

计划完成程度相对指标的特点：

（1）对比的分子、分母必须为同一总体；

（2）分子、分母的指标计算口径要一致；

（3）分子分母不可以互换位置。

任务三　平均指标

【任务介绍】

◇ 介绍平均指标的概念和特点

◇ 介绍平均指标的作用

◇ 介绍平均指标的种类及计算方法

【任务目标】

◇ 清楚平均指标的概念和作用

◇ 掌握平均指标的种类及计算方法

◇ 清楚平均指标的应用原则

【任务导入】

同是销售均价，相差咋就这么大呢？

郑州市房管局发布信息：2018年3月份，郑州全市商品房销售21588套（间），销售面积212.71万平方米，销售均价8430元/平方米；其中商品住宅销售18834套，销售面积191.8万平方米，销售均价8181元/平方米。

另据某网站信息：2018年3月份郑州市新房销售均价13618元/平方米，环比2月份上涨2.45%，同比去年同期上涨19.16%。整体来说，郑州楼市新房市场价格略有上涨，但涨幅相对较小，市场稳定。

为什么同是郑州市新房销售均价，相差咋就这么大呢？

我们再来看这样一组数据，2018 年 3 月郑州市各区域新房均价（图 4－1）：

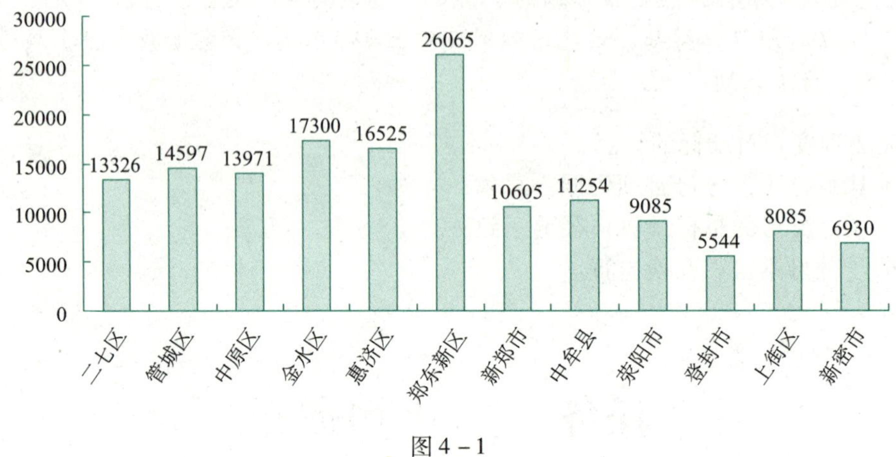

图 4－1

看完这组数据，你能搞懂二者之间的差距了吗？要搞懂二者之间的差距，就需要知道什么是平均数，平均数如何计算？

【任务分析】

郑州市房管局公布的销售均价的计算范围是郑州市全市，包括郑州市 7 个市辖区（二七区、管城区、中原区、金水区、惠济区、郑东新区、上街区）、5 个县级市（新郑市、荥阳市、登封市、新密市、巩义市）、1 个县（中牟县）。某网站公布的销售均价的计算范围是郑州市 6 个直辖区（二七区、管城区、中原区、金水区、惠济区、郑东新区），平均指标的计算范围如何选取，它对平均指标的应用有何意义呢？

【知识准备】

一、平均指标的概念和特点

平均指标是同质总体各单位某一数量标志值在一定时间、地点条件下达到的一般水平的综合指标，又称平均数。用来反映总体分布的集中趋势。如：平均工资、单位成本、平均价格、单位产量等。总体各单位标志值有大有小，往往都会存在差别，所以当我们不能简单地用最小标志值或最大标志值表示时，就选择平均数代表整体的一般水平。例如，对某单位职工的某月工资额进行平均，得到职工的月平均工资。

平均指标的特点有两个：第一，平均指标作为同类经济现象在一定时间、地点条件下达到的一般水平，是以同质总体各单位的数量标志值作为依据，并对它们的数量差异进行科学抽象而得出的，用来概括性地反映总体的一般水平，并且在计算平均指标时要求总体各单位的性质相同。第二，平均指标不是某一总体单位的具体数值，而是代表总体某种数量标志的一般水平，是总体各单位的代表值，通过将总体各单位数量标志表现的差异抽象化，用一个数值说明总体的一般水平。

二、平均指标的作用

1. 可以消除因总体规模不同而带来的总体数量差异，从而使不同规模的总体具有可比性。

2. 可以反映同一总体在不同时期的发展变化趋势，由于不同时期客观条件变化，用总量指标对比往往不客观，通过平均指标可以进行比较，从而看出发展变化趋势。

3. 可以分析现象之间的依存关系。如分析劳动生产率水平与平均工资水平的关系、平均降雨量与亩产量的关系等。

4. 可以进行数量上的推算和预测。在统计上常常利用部分单位的平均数去推算总体平均数，根据总体某个标志的平均数与总体单位数可以推算和预测总体标志总量。

5. 对总量指标进行补充说明。

三、平均指标的种类及计算方法

平均指标按计算和确定的方法不同，分为算术平均数、调和平均数、几何平均数、众数和中位数。前三种平均数是根据总体各单位的标志值计算得到的平均值，称作数值平均数，众数和中位数是根据总体单位标志值所处的位置来确定的，称作位置平均数。

1. 算术平均数。

算术平均数是对总体各单位的某一数量标志进行的平均，即总体各单位某一标志值的算术和除以总体单位数。

其计算公式如下：

算术平均数 = 总体单位标志总量/总体单位总量 = 总体各单位某一数量标志值之和/总体单位数

（1）简单算术平均数。简单算术平均数是对每一个标志值一一加总得到的标志总量除以单位总量求出的平均指标。其计算公式如下：

$$\bar{\chi} = \frac{x_1 + x_2 + \cdots x_n}{n} = \frac{\sum x}{n}$$

式中，$\bar{\chi}$代表算术平均数，x 代表各单位标志值，$\sum$ 代表总和符号，n 代表总体单位数。

◆ 实例分析［4-13］

某工厂生产车间有 10 个工人，个人日产量为 30、20、21、29、19、22、19、24、28、28 件，则平均每个工人日产量件数为：

$$\frac{30+20+21+29+19+22+19+24+28+28}{10} = 24\ （件）$$

（2）加权计算简单平均数。计算简单平均数的原始资料，意味着每一个标志值只出现一次。它比较适用于总体单位较少的情况。如果是有些标志值出现若干次的现象，就应该运用加权算术平均数公式计算：

$$\bar{x} = \frac{\sum xf}{\sum f}$$

◆ **实例分析［4－14］**

某工厂有52名技术员，他们的工资水平如表4－8所示。

表4－8　　某工厂职工工资水平资料

员工类别	工资水平 x/元	人数 f/人	xf
初级技术人员	3200	15	48000
中级技术人员	3600	20	72000
高级技术人员	4500	17	76500
合计	—	52	196500

计算该工厂职工的平均工资：

$$\bar{x} = \frac{\sum xf}{\sum f} = \frac{196500}{52} = 3778.85（元）$$

◆ **实例分析［4－15］**

某班学生上学期统计学期末考试成绩分布如表4－9所示。

表4－9　　某班学生统计学期末考试成绩

成绩	人数 f（人）	组中值（x）	xf
60分以下	4	55	220
60～70	13	65	845
70～80	18	75	1350
80～90	12	85	1020
90分以上	3	95	285
合计	50	—	3720

计算该班统计学平均成绩：

$$\bar{x} = \frac{\sum xf}{\sum f} = \frac{3720}{50} = 74.4（分）$$

这里需要强调，组中值将在第四章进行讲解，这里用组中值代替各组标志值具有假定性，即假定各组内部的标志值分布是均匀的。因而，利用组中值计算的平均数只是近似数，而不是准确数值。

2. 调和平均数。

调和平均数是总体各单位标志值倒数的算术平均数的倒数，又称为倒数平均数。在实际中，当遇到被平均变量的权数未知，而总量已知的情况时，可将算术平均数的公式变形为调和平均数的公式来对变量进行平均。调和平均数也分为简单调和平均数和加权调和平均数两种形式。

（1）简单调和平均数。简单调和平均数适用于各变量值总量相等的情况，其公式为：

$$\bar{x} = \frac{1 + 1 + \cdots + 1}{\frac{1}{x_1} + \frac{1}{x_2} + \cdots + \frac{1}{x_n}} = \frac{n}{\sum \frac{1}{x}}$$

◆ 实例分析［4－16］

某种蔬菜的价格，甲市场单价2元/斤，乙市场单位2.3元/斤，丙市场单价2.6元/斤，若在3个市场各买1元，这种蔬菜的平均价格是多少？

分析：平均价格是购买金额与购买量之比，购买金额是3元，3个市场的购买量分别是1/2、1/2.3、1/2.6，则：

$$平均价格 = \frac{购买金额}{购买数量} = \frac{3}{\frac{1}{2} + \frac{1}{2.3} + \frac{1}{2.6}} = 2.27（元/斤）$$

（2）加权调和平均数。加权调和平均数适用于各变量总量不相等的情况，其公式为：

$$\bar{x} = \frac{m_1 + m_2 + \cdots + m_n}{\frac{m_1}{x_1} + \frac{m_2}{x_2} + \cdots + \frac{m_n}{x_n}} = \frac{\sum m}{\sum \frac{m}{x}}$$

◆ 实例分析［4－17］

在上例中，若在3个市场各买1元、1.2元、1.5元，那么，该种蔬菜的平均价格是多少？

分析：购买金额是3.7元，3个市场的购买量分别是1/2、1.2/2.3、1.5/2.6，则平均价格是：

$$\bar{x} = \frac{\sum m}{\sum \frac{m}{x}} = \frac{3.7}{\frac{1}{2} + \frac{1.2}{2.3} + \frac{1.5}{2.6}} = 2.31(元/斤)$$

3. 几何平均数。

几何平均数是指n个变量值连乘积的n次方根。几何平均数主要适用于计算平均比率、平均速度等。几何平均数又分为简单几何平均数和加权几何平均数两种计算形式。

（1）简单几何平均数。几何平均数是指n个变量值连乘积的n次方根。其公式为：

$$\bar{x} = \sqrt[n]{x_1 \cdot x_2 \cdots x_n} = \sqrt[n]{\Pi x}$$

◆ 实例分析［4－18］

某车间加工某零件，设四道工序的合格率分别为98%、96%、93%和90%，计算加工该零件的平均合格率。

$$\bar{x} = \sqrt[n]{x_1 \cdot x_2 \cdots x_n} = \sqrt[n]{98\% \cdot 96\% \cdot 93\% \cdot 90\%} = 94.2\%$$

即加工零件的平均合格率为94.2%。

（2）加权几何平均数。

公式：

$$\bar{x} = \sqrt[f_2+f_2+\cdots+f_n]{x_1^{f_2} \cdot x_2^{f_2} \cdots\cdots x_n^{f_n}} = \sqrt[\sum f]{\prod x^f}$$

◆ **实例分析［4－19］**

某银行的贷款利率以复利计算，10年间的贷款利率中，有2年利率为6%，有5年利率为7%，有2年利率为8%，有1年利率为9%，计算该银行的平均年利率。

$$\bar{x} = \sqrt[\sum f]{\prod x^f} = \sqrt[2+5+3]{106\%^2 \cdot 107\%^5 \cdot 108\%^2 \cdot 109\%} = 106.196\%$$

则年平均本利率为106.196%，平均年利率为6.196%。

4. 众数。

众数是现象体中出现次数最多的标志值，也就是最为普遍、最为常见的数值。用字母M表示。在实际工作中，如果只要求掌握一般常见的数据作为研究问题、安排工作或作为参考，就可以采用众数代替算术平均数来说明现象的一般水平。例如，为了了解市场上某种鸡蛋的价格水平，只要以市场上最普遍的成交价格来代表该种鸡蛋的一般价格水平即可，无须统计市场上全部成交量和成交额来计算其平均价格等。这说明众数既可以方便、快速地计量，并且也不易受极端数值影响。在使用众数代替算术平均数时，要注意只有在总体单位数多且有明显的集中趋势时，才可计算众数。

（1）由未分组数据确定众数。

◆ **实例分析［4－20］**

某个班级21名学生的年龄按大小依次是：18、19、19、19、19、19、19、19、19、19、19、19、19、19、19、19、19、20、20、20、21。21个学生中，有16个学生的年龄是19岁，19岁就是众数，可以作为学生年龄的平均数。

（2）由分组数据确定众数。

◆ **实例分析［4－21］**

对50名大学生有关食堂服务满意度的调查结果如表2－10所示，用众数原理确定大学生的基本态度。表4－10中是按大学生态度分组后的统计结果。

表4－10　　大学生食堂服务满意度调查

满意度	人数（人）
很好	5
较好	11
一般	20
较差	9
很差	5
合计	50

从表中可以看出，认为服务“一般”的学生最多，有20人，“一般”就是众数，大学生对食堂服务的基本态度就是“一般”。

◆ **实例分析 [4－22]**

由表4－11所示数据计算该公司400名职工工资水平的众数值。

表4－11　　某公司400名职工工资分布表

月工资（元）	人数（人）
1100以下	60
1100～1300	100
1300～1500	140
1500～170	60
1700以上	40
合计	400

从表中可以看出，众数所在组为1300～1500元。但众数的具体值要按下列公式计算众数的近似值：

下限公式：

$$M_0 = L + \frac{\Delta_1}{\Delta_1 + \Delta_2} \cdot d$$

上限公式：

$$M_0 = U - \frac{\Delta_2}{\Delta_1 + \Delta_2} \cdot d$$

式中：M_0——众数

L——众数所在组的上限

U——众数所在组的下限

Δ_1——众数组次数与前一组次数之差

Δ_2——众数组次数与后一组次数之差

d——众数所在组的组距

利用下限公式计算有：

$$M_0 = L + \frac{\Delta_1}{\Delta_1 + \Delta_2} \cdot d = 1300 + \frac{40}{40 + 80} \times 200 = 1366.67 \text{（元）}$$

利用上限公式计算有：

$$M_0 = U - \frac{\Delta_2}{\Delta_1 + \Delta_2} \cdot d = 1500 - \frac{80}{40 + 80} \times 200 = 1366.67 \text{（元）}$$

可见，两个公式的计算结果相同，在实际中可以任意使用。

5. 中位数。

将数据排序（从大到小或从小到大）后，位置在最中间的数值就是中位数（M_e）。由于其位置居中，不受极端值大小的影响，因而有时利用它来代表现象的一般水平。

举个例子，小齐到人才市场找工作。老板王五对他说："我们这里的报酬不错，平均薪金是每周300元。你在学徒期间每周是75元，不过很快就可以加工资。"小齐愉快地接受了这份工作。小齐上了几天班以后，发现受骗了，工人每周的工资才100元，平均工资怎么可能是一周300元呢？要求和老板谈谈。王五皮笑肉不笑地回答：“小齐，不要激动嘛。平均工资确实是300元，不信你可以自己算一算。我每周工资是2400元，我弟弟每周1000元，我的6个亲戚每人每周250元，10个工人每人每周100元。总共是每周6900元，付给23个人，平均工资不就是每周300元吗？”小齐气得说不出话来。

在这个故事里，狡猾的王五利用小齐对统计数字的误解，骗了他。小齐产生误解的根源在于，他不了解平均数的确切含义。平均数表示现象的一般水平，一组数据的集中程度，而不一定表示所有个体都具有这个水平。这个时候平均数不能说明问题，中位数就说清楚了。

（1）未分组资料确定中位数。

①当样本数为奇数时，中位数为中间那个数，即第$\frac{n+1}{2}$个数据；

②当样本数为偶数时，中位数为中间两个数的平均数，即第$\frac{n}{2}$个数据与第$\frac{n}{2}+1$个数据的算术平均值。

◆ **实例分析［4-23］**

某企业部门9名员工的工资按大小顺序排列分别是6500元、7500元、7800元、8500元、8600元、8800元、9300元、16300元、20000元，中点位置是第5个员工，其工资是8600元，8600元就是这9名员工的工资中位数。

（2）根据单项式分组数列确定中位数。根据已分组数据确定中位数，其步骤如下。

①计算累积频数（向上累积或向下累积）；

②确定中位数所在组：首先包含$\frac{\sum f}{2}$的累积频数所在组就是中位数所在组；

③中位数所在组的变量值即为中位数。

◆ **实例分析［4-24］**

某工厂对生产的食用盐包装重量进行抽样检验，从中抽取了50袋，每袋的重量如表4-12所示，确定其中位数。

表4-12　某厂食用盐抽样资料

重量/克	490	495	496	498	500	502
数量/袋	2	4	6	10	20	8

实例分析：数列的项数$\frac{\sum f}{2}$为25，中位数的位置在第25个，则Me=500克。

具体操作如下：按单项式分组计算累计次数（表3-13）。

表 4－13

按重量分组/克	数量/袋	累计次数	
		向上累计	向下累计
490	2	2	50
495	4	6	48
496	6	12	44
498	10	22	38
500	20	42	28
502	8	50	8
合计	50		

从累计次数的计算来看，第 25 个位置应确定为向下累计次数 28 所对应的 500 克这个重量。因此该厂抽检的 50 袋食盐的中位数为 500 克。

（3）组距分组资料确定中位数。组距资料确定中位数与单项式资料不同的是需要采用公式计算。

下限公式为：

$$M_e = L + \frac{\frac{\sum f}{2} - S_{m-1}}{f_m} \cdot d$$

上限公式为：

$$M_e = U + \frac{\frac{\sum f}{2} - S_{m+1}}{f_m} \cdot d$$

式中：L 为中位数组的下限；U 为中位数组的上限；f_m 为中位数组的次数；S_{m-1} 为中位数所在组以前各组的累计次数；S_{m+1} 为中位数所在组以后各组的累计次数；$\sum f$ 为总次数；d 为中位数所在组的组距。

◆ **实例分析［4－25］**

从某学校中抽取 100 名学生调查生活水平，月消费额资料如表 4－14 所示。

表 4－14　　某学校学生消费额

按消费额分组/元	人数/人	累计频数	
		向上累计	向下累计
500 以下	3	3	100
500～600	15	18	97
600～700	18	36	82
700～800	45	81	64
800～900	10	91	19
900～1000	8	99	9
1000 以上	1	100	1
合计	100	—	—

根据上表的资料，计算中位数。

①计算累计次数，即累计学生人数。

②确定中位数的位置和中位数所在的组。

$$中位数位置 = \frac{\sum f}{2} = \frac{100}{2} = 50$$

根据向上累计次数，第 50 个学生包含在累计次数 81 中，说明中位数在累计学生人数为 81 人的组，即变量值为 700 ~ 800 元的组；根据向下累计次数，第 50 个学生包含在累计次 数 64 中，说明中位数在累计学生人数为 64 人的组，该组对应的变量值也为 700 ~ 800 元的组，这说明 700 ~ 800 元就是中位数所在的组。

③根据下限公式计算：

$$M_e = L + \frac{\frac{\sum f}{2} - S_{m-1}}{f_m} \cdot d = 700 + \frac{\frac{100}{2} - 36}{45} \cdot 100 = 731.11(元)$$

根据上限公式计算：

$$M_e = U - \frac{\frac{\sum f}{2} - S_{m+1}}{f_m} \cdot d = 800 + \frac{\frac{100}{2} - 19}{45} \cdot 100 = 731.11(元)$$

可见，对于同一资料，不论是按下限公式还是按上限公式，所计算的中位数的结果是一致的。

任务四 变异指标

【任务介绍】

◇ 介绍变异指标的概念和作用

◇ 介绍变异指标的种类及计算方法

【任务目标】

◇ 清楚变异指标的作用

◇ 掌握变异指标的种类及计算方法

【任务导入】

某厂有三个车间，各车间均有 7 名工人，工人生产零件的个数如下（单位：件）：

甲车间：100、110、120、130、140、150、160。

乙车间：110、115、120、130、140、145、150。

丙车间：115、120、125、130、135、140、145。

通过计算，三个车间工人生产零件的算术平均数都是130件，且甲、乙、丙车间的标准差分别为18.71件、14.02件、9.35件。从而我们得出判断，丙车间的平均数更具有代表性，乙车间次之，甲车间最次。为什么我们可以得出这样的结论？那什么是标准差，它是如何计算得来的呢？

【任务分析】

标准差属于变异指标，平均指标和变异指标是反映总体分布的两个重要特征值。为了全面描述总体分布的特征，必须将平均指标与变异指标结合使用，用变异指标衡量平均指标的代表性，说明平均指标反映总体一般水平的有效程度，使分析结论更确切、更可靠。那么变异指标都有哪些种类？都如何计算呢？

【知识准备】

一、变异指标的概念和作用

变异指标又称标志变动度，它是以平均数为中心，说明总体单位标志值的差异大小或离中程度的指标。主要用于综合反映总体各个单位标志值差异的程度。我们可以借助于总量指标和平均指标来认识现象总体的规模和一般水平，但这些指标都不能反映各单位的差异情况，相反，它们把各单位的差异抽象化了。即使是相同的总量指标和平均指标也可能掩盖极其显著的差异事实。这样，我们对于总体的认识就不能说是全面的。所以，有必要探讨总体各单位标志值变化的差异程度，以便从另一方面说明总体的特征。变异指标正好可以说明总体各单位标志值之间的差异程度或标志值分布的变异情况，反映现象的离中趋势，所以变异指标是说明总体特征的另一个指标。变异指标在统计分析研究中的作用主要有如下几个方面：

1. 变异指标反映总体各单位标志值分布的离中趋势。总体各个单位的标志值总是围绕着总体自身的平均值这一中心变动着。例如，价格总是围绕着价值上下波动。所以，平均指标反映总体各单位标志值的集中趋势。而变异指标则表明总体各单位标志值的分散程度，对于变动中心来说，也就是反映标志值的离中趋势，如价格背离价值的平均程度。变异指标值愈大，说明标志值的分布愈分散。

2. 变异指标可以说明平均指标的代表性程度。平均指标作为总体各单位标志值一般水平的代表，其代表性的高低，随着标志值的差异程度不同，而有很大区别。一般来说标志变异愈大，说明平均数的代表性愈小；而标志变异愈小，说明平均数的代表性愈大。把平均指标与变异指标结合起来运用，才能使统计分析更完整、内容更充实，从而能更深刻地反映所研究现象的本质。

3. 变异指标可以衡量经济现象发展的稳定性或均衡性。例如考察工业企业的生产情况，在研究生产计划完成程度的基础上，利用变异指标，我们可以测定生产过程的均匀程度。如观察企业生产时，如果各期产量表现为忽高忽低，波动很大，则说明该企业生产的均匀性较差。又如，当对某新品种作物种子做试验时，如果该作物在各类土质地块上的收获率和平均水平比较接近，差异程度较小，则说明该品种作物产量具有较大稳定性，标志着该品种作为良种作物，可以推广种植。

二、变异指标的种类和计算

1. 极差（R）。

极差也称全距，就是数列中总体单位的最大值与最小值之差，用 R 表示。它用来说明标志值的变动范围，是标志变异指标中最简单的一种方法。极差越小，反映总体各单位离中趋势越小，次数分布越集中，平均指标的代表性越强；反之，则反映总体各单位离中趋势越大，次数分布越不集中，平均指标的代表性越弱。极差是说明总体中两个极端标志值的变异范围，其计算方法简便、容易理解。但是受极端值影响很大，不能全面反映总体各单位标志值的差异程度。其计算公式为：

$R=$ 最大的标志值 $-$ 最小的标志值 $=X_{max}-X_{min}$

式中：X_{max} 为数列中最大的变量值；X_{min} 为数列中最小的变量值。

◆ 实例分析［4-26］

某生产班组 11 个工人日产零件数为 15、17、19、20、22、22、23、23、25、26、30，其中最高日产零件数为 30 件，最低日产零件数为 15 件。则极差 R 为：

$R=30-15=15$（件）

2. 平均差。

平均差就是总体各单位的标志值与算术平均数的离差绝对值的算术平均数，用来反映总体中各单位标志值与其算术平均数之间的平均差异程度。平均差用“A·D”表示。平均差越大，说明各标志值与算术平均数的差异程度越大，该算术平均数的代表性越弱；平均差越小，说明各标志值与算术平均数的差异程度越小，该算术平均数的代表性越强。平均差是根据所有标志值来计算的，受极端值的影响比较小，比极差更能反映各标直的变异程度，但其在计算时采用绝对值，因此数据处理比较麻烦。由于掌握的统计资料不同，平均差的计算方法也有两种。

（1）简单平均差。根据未分组资料计算的平均差就是简单平均差。其计算公式为：

$$A\cdot D=\frac{\sum|X-\overline{X}|}{n}$$

◆ 实例分析［4-27］

承上例，该生产班组的平均差的计算方法。

平均生产零件个数为：

$$\bar{x}=\frac{\sum x}{n}=\frac{15+17+19+20+22+22+23+23+25+26+30}{11}=\frac{242}{11}=22(件)$$

其平均差为：

$$A\cdot D=\frac{\sum|X-\overline{X}|}{n}=\frac{34}{11}\approx 3(件)$$

（2）加权平均差。根据分组资料计算的平均差就是加权平均差。其计算公式为：

$$A \cdot D = \frac{\sum |X - \bar{X}| f}{\sum f}$$

◆ **实例分析［4－28］**

某车间200个工人按日产量分组资料如表4－15所示，计算其平均差。

表4－15　　工人日产量分组资料的平均差计算表

日产量（公斤）	工人数 f	组中值 x（公斤）	xf	$x-\bar{x}$	$\mid x-\bar{x}\mid$	$\mid x-\bar{x}\mid f$
(1)	(2)	(3)	(4)＝(3)×(2)	(5)＝(3)－$\bar{x}$	(6)＝|(5)|	(7)＝(6)×(2)
20～30	10	25	250	－17	17	170
30～40	70	35	2450	－7	7	490
40～50	90	45	4050	3	3	270
50～60	30	55	1650	13	13	390
合计	200	—	8400	—	40	1320

$$\bar{x} = \frac{\sum xf}{\sum f} = \frac{84000}{200} = 42(\text{公斤})$$

$$A \cdot D = \frac{\sum |x - \bar{x}| f}{\sum f} = \frac{1320}{200} = 6.6(\text{公斤})$$

3. 标准差。

标准差也称均方差，是反映标志变异程度的最重要的指标，是指总体各单位的标志值算术平均数离差的平方的算术平均数的平方根。用δ表示。它的意义与平均差的意义基本相同，也是各标志值对其算术平均数的平均离差，平均差是采用绝对值的方式来消除离差的正负号，而标准差是采用先平方后开方的还原方式消除离差的正负号，在数学处理上比平均差更为合理，因此，标准差在实际中的应用更为广泛。

由于掌握的统计资料不同，标准差的计算方法也有两种。

（1）简单标准差。根据未分组资料计算的标准差就是简单标准差。其计算公式为：

$$\sigma = \sqrt{\frac{\sum (x - \bar{x})^2}{n}}$$

承上例，该生产班组的标准差为：

$$\sigma = \sqrt{\frac{\sum (x - \bar{x})^2}{n}} = 20(\text{件})$$

（2）加权标准差。根据分组资料计算的标准差就是加权标准差。其计算公式为：

$$\sigma = \sqrt{\frac{\sum (x - \bar{x})^2 \cdot f}{\sum f}}$$

承上例，计算该车间工人日产量的标准差（表4－16）。

表4－16　　工人日产量分组资料的标准差计算表

日产量（公斤）	工人数 f	组中值 x（公斤）	$x-\bar{x}$	$(x-\bar{x})^2$	$(x-\bar{x})^2f$
(1)	(2)	(3)	(4) = (3) − $\bar{x}$	(5) = $(4)^2$	(6) = $(4)^2$ × (2)
20－30	10	25	－17	289	2890
30－40	70	35	－7	49	3430
40－50	90	45	3	9	810
50－60	30	55	13	169	5070
合计	200	—	—	—	12200

$$\sigma = \sqrt{\frac{\sum (x-\bar{x})^2 \cdot f}{\sum f}} = \sqrt{\frac{12200}{200}} \approx 7.8(\text{件})$$

4. 变异系数。

变异指标是反映总体各单位标志变异程度的指标。其数值的大小还要受总体单位标志值本身水平高低的影响。我们要对比、分析不同水平的变量数列之间的标志差异程度，就不宜直接通过变异指标来比较其变动的大小，还必须消除平均水平高低影响，这样才能真正反映出不同水平的变量数列的离散程度。这就需要计算变异系数，即变异指标与平均数之比的相对数。在实际中，通常用标准差与算术平均数相除，这样计算的变异系数称为标准差系数。

标准差系数计算公式为：

$$V = \frac{\sigma}{\bar{x}}$$

◆ **实例分析［4－29］**

甲乙两个农场平均粮食亩产分别为300公斤、400公斤；标准差分别为7.5公斤、9公斤，甲农场的标准差系数为：

$$V = \frac{\sigma}{\bar{x}} = \frac{7.5}{300} \times 100\% = 2.5\%$$

乙农场的标准差系数为：

$$V = \frac{\sigma}{\bar{x}} = \frac{9}{400} \times 100\% = 2.25\%$$

从变异系数的比较中，可以看出，乙农场亩产的变异系数比甲农场的小，可见乙农场不但亩产高，而且各地块产量比甲农场稳定，因而乙农场亩产400公斤更具有代表性。

项目五
认知动态分析

项目四统计常用指标的学习是用来对社会经济现象的静态分析，运用总量指标、相对指标、平均指标以及变异指标对已发生的经济活动成果，进行综合性的对比分析。然而要想研究社会现象的发展方向、发展速度及其变化规律和预测现象的未来，还要掌握动态分析方法。

学习目标

1. 能够明白动态数列的概念、构成及长期趋势的概念及测定方法；
2. 能够理解水平和速度动态指标的概念及最小平方法与季节变动的测定方法；
3. 能够掌握水平和速度指标的计算方法，进而达到运用的目的。

项目介绍

任务一 动态数列概述

任务二 动态数列水平指标

任务三 动态数列速度指标

任务四 动态数列变动趋势

任务一　认识动态数列

【任务介绍】

◇　动态数列的概念与构成

◇　动态数列的种类

◇　动态数列的编制原则

【任务目标】

◇ 了解动态数列的概念与构成
◇ 熟悉动态数列的种类

【任务导入】

指导老师给同学们布置调查任务，搜集第二手资料，对我国 2011 年 ~2016 年主要国民经济指标进行分析，“超越”学习小组搜集到资料如表 5 -1 所示：

表 5 -1　　国民经济主要指标的发展变化情况

年　　份	2011 年	2012 年	2013 年	2014 年	2015 年	2016 年
财政收入（亿元）	103 574	117 254	129 210	140 370	152 269	159 605
年末总人口（万人）	134 735	135 404	136 072	136 782	137 462	138 271
其中：男性（万人）	69 068	69 385	69 728	70 079	70 414	70 815
男性人口所占比重（%）	51. 26	51. 25	51. 24	51. 23	51. 22	51. 21
平均货币工资（元）	41 997	46 769	51 483	56 360	62 029	67 569

资料来源于《中国统计年鉴》。

【任务分析】

从搜集的资料来看，用前面所学的统计知识小组成员们认为可以用总量指标、相对指标和平均指标分析每年财政收入、人口构成及人均工资状况，可是搜集到的是连续六年的指标情况，如何综合分析呢？那就需要我们分析现象不同时间的发展变化情况。

【知识准备】

一、动态数列的概念与构成

“超越”小组搜集的二手资料表 5 -1 中的社会经济现象在不同时间上的一系列指标按时间先后顺序加以排列，在统计上称为动态数列又称时间数列。

由表 5 -1 可看出，动态数列由两个基本要素构成：一个是现象所属的时间，如上例中的 2011、2012、…2016 年等年份；一个是反映现象在不同时间上的指标数值，如上例中的各年的财政收入等指标的数值。

动态数列是计算动态分析指标、考察现象发展方向和速度、预测现象发展趋势的基础。动态数列分析有助于我们了解过去的活动规律，评价当前，安排未来，所以是社会经济统计的重要分析方法。

【知识链接】

动态分析包括分析现象发展水平和现象发展速度。水平分析是速度分析的基础；速度分析是水平分析的深入和继续。

二、动态数列的种类

动态数列按其指标的表现形式（图5－1）。

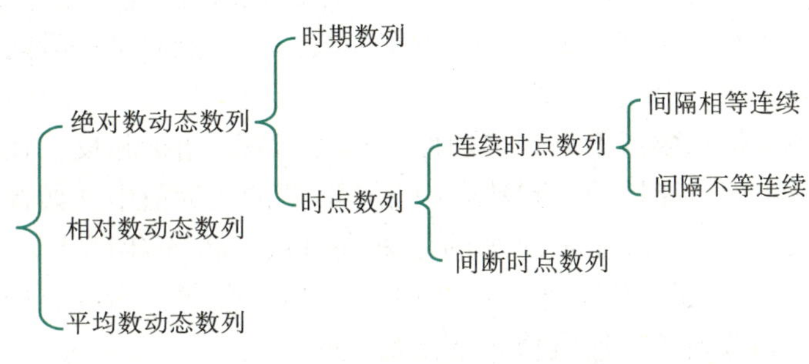

图5－1

【知识链接】

绝对数动态数列是动态数列中最基本的表现形式，相对数动态数列和平均数动态数列是在其基础上派生的。

（一）绝对数动态数列

绝对数动态数列是将说明现象的总量指标按时间先后顺序排列所形成的数列，它反映了现象在不同时间上所达到的规模或水平的变化情况。根据总量指标反映社会经济现象所属时间状态，可分为时期指标动态数列和时点指标动态数列，简称时期数列和时点数列。

1. 时期数列。

在绝对数动态数列中，如果每一指标值是反映某现象在一段时间内发展过程的总量，则这种数列称为时期数列。

时期数列有如下特点：

第一，具有连续统计的特点。由于时期指标反映的是现象在一段时间内发展过程的总量，因此我们就必须在这段时间内把所发生的数量逐一登记后进行累计。

第二，数列中各个时期指标值可以相加。时期数列中彼此相连时期的指标值可以加总，得出更长时期的总计值，例如1年的产值是各月的产值的总和，5年的基本建设投资额是由每年投资额加总起来的。

第三，数列中各个指标数值的大小与时期长短有直接关系。在时期数列中，每一个指标值所体现的时间长短，称为时期。在上面的数列中，时期为一年。时期也可以是日、月、季或很长的日期，这要根据具体研究的目的来确定。对于研究现象变动发展进度的动态资料，时期可以短一些；对历史资料的研究，时期可以长一些。例如研究我国“一五”至“十五”

期间国民经济的发展变化，就可以5年为一个时期。在时期数列中，时期长，指标数值大；时期短，指标数值小。

2. 时点数列。

在绝对数动态数列中，若每一个指标值所反映的是现象在某一时刻上的总量，则这种数列称为时点数列。

时点数列有如下特点：

第一，数列指标不具有连续统计的特点。该指标是反映现象在某一时刻状况的数量，我们只需在某一时点上进行统计，取得该时点资料，不必连续登记。

时点指标是现象在某一时刻的数量，但现实中我们不可能对每一瞬间的数量都进行调查登记，因此习惯上以“天”作为瞬间单位。

第二，数列中各个指标数值不具有可加性。与时期数列指标相反，在时点数列中，同样一个总体单位或者标志值可能被统计到数列中几个时期的指标值中，如普查过后的人口有很大一部分又包含在以后各年中。上面所举的年末人口数，2011年的人口数的一部分又被统计到2012年的人口数量里面，甚至统计到2013年、2014年等以后的年份中，每年的人数是不能相加的。所以动态数列各指标值总和是无意义的。

第三，数列中每个指标值的大小与时间间隔长短没有直接联系。时点数列的每一个指标值只表明现象在某一瞬间的数量，因而时间间隔的长短对指标值大小不发生直接的影响。如年底的工人数、库存量就不一定都比年内各月底的工人数、库存量大。

（二）相对指标动态数列

把一系列同类相对指标按时间先后顺序排列而形成的动态数列叫作相对指标动态数列。它反映社会经济现象之间相互联系的发展过程。例如，用利润总额同销售产值对比计算销售利润率指标排列形成的动态数列，用各个时期生产部门职工占全部职工比重指标形成的动态数列等，就是相对指标动态数列。在相对指标动态数列中，各个指标数值是不能相加的。

（三）平均指标动态数列

把一系列平均指标按时间先后顺序排列形成的动态数列即为平均指标动态数列。它反映社会经济现象总体各单位某标志一般水平的发展变动趋势。在平均指标动态数列中，各个指标值也是不能相加的。

在统计中，我们往往把这三种动态数列结合起来运用，以便于对社会经济现象发展过程进行全面分析。

任务实施

“超越”小组成员根据搜集的二手资料，按照动态数列的种类分清不同表现形式的数列。

操作示范

弄清这样几个问题：

第一，如表5－1中我国各年的财政收入、年末总人口就是绝对数动态数列。

第二，表5－1中各年的财政收入是绝对数动态数列的时期数列；年末总人口是绝对数动态数列的时点数列。

第三，在表 5 – 1 中我国各年男性人口所占比重是相对数动态数列。

第四，在表 5 – 1 中我国职工平均货币工资是平均数动态数列。

三、动态数列编制的原则

编制动态数列的目的，是要通过各个时期指标值的对比，来研究社会经济现象的发展变化及其规律。因而，各指标值的可比性是编制动态数列的基本原则。具体包括：

第一，时间长短统一。对时期数列而言，动态数列中指标值的大小与指标所包含的时期长短有直接关系，所以，各指标数值包含的时期长短应该一致。否则，我们就很难直接作出判断和比较。

第二，总体范围统一。在动态数列中，各个指标所属总体范围前后应该一致。如研究地区工业生产的发展情况，如果地区的行政区划有了变动，则前后指标数值就不能直接加以对比，我们必须对资料进行调整，以使总体范围前后统一，然后再作动态分析。

第三，计算方法统一。动态数列各项指标的计算口径、计量单位和计算方法应该一致。例如，要研究企业劳动生产率的变化，产量用实物量还是用价值量，人数用全部职工数还是用生产工人数，前后都要求统一。再如，对不同时期工农业产值进行比较，我们就应该注意价格水平的变化，采用统一的不变价格表示，不然，价格标准不同，我们就不能从指标的对比中了解工农业产量的实际变化情况。

第四，经济内容相同。动态数列各项指标所反映内容应该一致，保证它们的同质性，例如，在工业企业里，按费用要素分组的工资包括全部职工的工资，按成本项目分组的工资只包括基本生产工人的工资。把这样一些指标数值不加以区分就编制成动态数列，来反映现象的变动，就会导致错误的结论。

任务二　动态分析的水平指标

【任务介绍】

◇ 发展水平的概念

◇ 平均发展水平及计算

◇ 增长量与平均增长量

【任务目标】

◇ 了解动态分析的基本水平指标——发展水平

◇ 理解平均发展水平即动态平均数与静态平均数（一般平均数）的区别

◇ 掌握动态平均数的计算方法

【任务导入】

“超越”学习小组根据上个任务搜集的资料为例，来认识动态分析的水平指标。

【任务分析】

根据表 5 - 1 国民经济主要指标的发展变化情况，掌握水平指标来进行动态分析。

【知识准备】

一、发展水平

发展水平就是动态数列中的每一项具体指标数值，又称发展量。它反映社会经济现象在各个时期所达到的规模和发展的程度。不论是编制动态数列或是计算各种动态指标，都要求正确地计算发展水平，进行发展水平分析。

发展水平，可表现为总量指标，如工资总额、工业增加值、年末职工人数等，也可表现为相对指标或平均指标，如人口出生率、工人劳动生产率等。

根据各发展水平在动态数列中所处的地位与作用，发展水平可有：最初水平（动态数列中第一项指标值，用 a_0 表示）、最末水平（动态数列中最后一项指标标值，用 a_n 表示）、中间水平（动态数列中其余的各项指标值，用 a_1，a_2，…，a_{n-1}）。

在动态分析中，我们还将所研究的那一时期的发展水平称为报告期水平或计算期水平，把用来对比时期的发展水平叫基期水平。

【知识链接】

发展水平在文字上习惯用“增加到”、“增加为”、“降低到”、“降低为”来表示。例如，“八五”时期粮食平均年生产量为 44923.3 万吨，“九五”时期增加到 49 631.6 万吨。“增加”和“降低”后面勿遗漏一个“到”或“为”字。

◆ 实例分析［5 - 1］

“超越”小组成员根据表 5 - 1 资料，按照发展水平的概念分析我国财政收入的动态水平（表 5 - 2）。

表 5 - 2 我国的财政收入

年　份	2011 年	2012 年	2013 年	2014 年	2015 年	2016 年
财政收入（亿元）	103574	117254	129210	140370	152269	159605

从表 5 - 2 可看出我国财政收入从 2011 年到 2016 年每年达到的水平。a_0 为 103 574 亿元，是 2011 年的水平，为最初水平；a_5 为 159 605 亿元，是 2016 年的水平，为最末水平。如果对比 2016 年和 2011 年这两年财政收入的发展水平，则 a_5 = 159 605 亿元为报告期水平，a_0 = 103 574 亿元为基期水平。

【小贴士】

这些发展水平，随着动态分析目的及任务的改变而随时变动自己的位置：今年是报告时期水平，将来可能是基期水平；这一个数列的最末水平，可能是另一个数列的最初水平。

二、平均发展水平

平均发展水平又叫序时平均数。

1. 序时平均数和一般平均数有共同之处，即都是将各个变量值差异抽象化；

2. 它们彼此又有区别，序时平均数所平均的是现象总体在不同时期的数量表现，从动态上说明现象总体在某一时期内发展的一般水平，故又称动态平均数，而一般平均数是将总体各个单位同一时间的变量值差异抽象化，用以反映总体在具体历史现条件下的一般水平，不体现时间变动，故又称静态平均数。

序时平均数可以用总量指标动态数列计算，也可以用相对指标动态数列和平均指标动态数列计算。其中，总量指标动态数列计算序时平均数是最基本的动态分析。

（一）总量指标动态数列的序时平均数

总量指标动态数列分为时期数列和时点数列，二者计算序时平均数的方法不一样，现分别加以说明。

1. 按时期数列计算。

根据时期数列的特点，我们采用简单算术平均法计算序时平均数，以时期项数去除时期数列中各个指标数值之和。例如计算 1 年的月平均产值，可把 12 个月产值相加除以 12。1 年的季平均产值，则是四季产值之和除以 4。这可用公式表示为：

$$\bar{a} = \frac{a_1 + a_2 + a_3 + \cdots a_n}{n} = \frac{\sum a}{n}$$

式中：$\bar{a}$ 代表序时平均数；a 代表各期发展水平；n 代表时期项数。

◆ **实例分析 [5-2]**

根据表 5-2 计算 2012 年到 2016 年这五年我国年平均财政收入：

$$\bar{a} = \frac{\sum a}{n} = \frac{117254 + 129210 + 140370 + 152269 + 159605}{5} = 139742(\text{亿元})$$

2. 按时点数列计算。

时点数列一般都是不连续数列，但若逐日记录而又逐日排列形成的时点数列则可将其视为连续时点数列。以此为标准，可将时点数列分为连续时点数列和间断时点数列。

（1）由连续时点数列计算。如果掌握了计算期内每一时点上的统计资料，那么这个时点数列就可以看成是连续时点数列，连续时点数列又可分为间隔相等的连续时点数列和间隔不相等的连续时点数列。

第一，由间隔相等的连续时点数列计算。

其计算公式为：

$$\bar{a}=\frac{\sum a}{n}$$

式中：a 为各期时点指标；n 为时点指标的项数

若已知某工业企业 2017 年十月份每天的在册职工人数，要计算该企业十月份的平均在册职工人数，可直接将该月每天的职工人数相加，再除以 31 天即可。

第二，由间隔不相等的连续时点数列计算。

如果被研究的现象不是逐日变动，而是间隔几天变动一次，则可用每次变动的时间（天数）作为权数（f），计算加权算术平均数，其计算公式为：

$$\bar{a}=\frac{\sum af}{\sum f}$$

◆ **实例分析［5－3］**

某企业 2017 年 1 月 1 日至 1 月 18 日的在册职工人数为 146 人，1 月 19 日到月底为 158 人，则该企业 1 月份的平均在册职工人数为：

$$\bar{a}=\frac{\sum af}{\sum f}=\frac{146\times18+158\times13}{18+13}=\frac{4682}{31}=51(\text{人})$$

（2）由间断时点数列计算。间断时点数列又分为时点间断相等和间断不相等两种情况。

第一，当时间间断相等时，按“首末折半法”计算。这可用公式表示如下：

$$\bar{a}=\frac{\frac{a_1}{2}+a_2+a_3+\cdots+\frac{a_n}{2}}{n-1}$$

◆ **实例分析［5－4］**

某企业 2017 年第三季度的职工人数为：6 月 30 日 435 人，7 月 31 日 452 人，8 月 31 日 462 人，9 月 30 日 576 人。试计算第三季度平均职工人数。

因为资料是每月底登记的，计算时我们需用假定的方法推算月平均数，即把月底的人数当成下月第一天的人数，而且假定从当月第一天到最后一天的人数是均匀变动的。这样，月平均人数就是当月的第一天人数加最后一天的人数除以 2。

例如 7 月份的平均职工人数为（435＋452）/2＝443.5（人）。这样，季平均人数就应在各月平均人数的基础上再平均，即

$$\text{第三季度平均职工人数}=\frac{\frac{435+452}{2}+\frac{452+462}{2}+\frac{462+576}{2}}{3}$$

$$=\frac{\frac{435}{2}+452+462+\frac{576}{2}}{4-1}=473\ (\text{人})$$

第二，当时点间隔不等时，用间隔时间为权数，计算加权序时平均数。

◆ **实例分析［5 -5］**

某公司成品仓库中某产品库存量资料见表 5 -3 所示。

表 5 -3　　某产品库存间隔不等的时间数列

时间	1 月 1 日	3 月 1 日	7 月 1 日	8 月 1 日	10 月 1 日	12 月 31 日
库存量（台）	38	42	24	11	60	0

表 5 -3 中所记录的库存量资料时间间隔不等，在这种时点数列资料的条件下，我们先假定库存量在两时点之间均匀变动，求出两个时点的平均数，然后用间隔月数为权数计算加权平均数。这可用公式表示为：

$$\bar{a} = \frac{\sum \overline{a_i} f_i}{f_i}$$

也可以用下面公式表示：

$$\bar{a} = \frac{\frac{a_1 + a_2}{2} \cdot f_1 + \frac{a_2 + a_3}{2} \cdot f_2 + \cdots + \frac{a_{n-1} + a_n}{2} \cdot f_{n-1}}{\sum f_{n-1}}$$

计算过程如表 5 -4 所示：

表 5 -4　　某产品库存量按间隔月数加权平均计算表

库存量变动的间隔时期（月）	间隔时间长度 f_i（月）	间隔平均库存量 $\overline{a_i}$（台）	台月数 $\overline{a_i} f_i$
1 ~2	2	(38 +42) 2 =40	80.0
3 ~6	4	(42 +24) 2 =33	132.0
7	1	(24 +11) 2 =17.5	17.5
8 ~9	2	(11 +60) 2 =35.5	71.0
10 ~12	3	(60 + 0) 2 =30	90.0
	12	—	390.5

平均库存量为：

$$\bar{a} = \frac{\sum \overline{a_i} f_i}{f_i} = \frac{390.5}{12} = 33(\text{台})$$

（二）相对指标或平均指标动态数列的序时平均数

相对指标或平均指标动态数列是由具有互相联系的两个总量指标动态数列加以计算后形成的，在相对数或平均数背后隐藏着与之相适应的绝对数，不能像总量指标动态数列那样直接计算序时平均数。其只能按照数列的性质，分别计算分子、分母两个总量指标动态数列的序时平均数，然后加以对比。所以说，总量指标动态数列的序时平均数是基本方法，以相对指标或平均指标动态数列计算序时平均数，也应该以这种方法为基础来计算，写成一般算式为：

$$\bar{c} = \frac{\bar{a}}{\bar{b}}$$

式中：$\bar{c}$ 代表相对指标或平均指标的序时平均数；$\bar{a}$ 代表分子项总量指标的序时平均数；$\bar{b}$ 代表分母总量指标的序时平均数。在实际生活中，可能 a、b 都是时期指标或时点指标，也可能一个为时期指标，另一个为时点指标，但它们的序时平均数都应该根据总量指标的相应计算公式计算。下面举例加以说明。

◆ **实例分析［5-6］**

某企业 2017 年上半年各月劳动生产率数据如表 5-5 所示。

表 5-5　　某企业 2007 年上半年各月劳动生产率情况

时间	1 月	2 月	3 月	4 月	5 月	6 月	平均
总产值 a（万元）	706.1	737.1	761.4	838.3	901.0	1 082.4	837.8
月初工人数 b	79	81	81	83	85	88	83.8
劳动生产率 c（万元/人）	8.83	9.10	9.29	9.98	10.42	12.09	10.00

6 月末工人数为 91 人。

劳动生产率动态数列，是由时期数列和时点数列相应指标（总产值和工人数）对比形成的。计算平均月劳动生产率须先用相应的方法计算出分子与分母的平均数，然后相除，即

$$\bar{c}=\frac{\bar{a}}{\bar{b}}=\frac{\dfrac{706.1+737.1+761.4+838.3+901.0+1082.4}{6}}{\dfrac{79/2+81+81+83+85+88+91/2}{6}}$$

≈ 10（万元/人）

大家知道，劳动生产率是单位时间内生产的产品量。如果要求确定上半年的劳动生产率，单位时间就不是“月”，而是“半年”。整个上半年劳动生产率就应以月份个数（n）乘以平均月劳动生产率，$n\bar{c}=6\times 10=60$（万元/人），或者：

$$1\sim6\text{ 月劳动生产率}=\frac{\dfrac{706.1+737.1+761.4+838.3+901.0+1082.4}{79/2+81+81+85+88+91/2}}{6}\times 6$$

≈ 60（万元/人）

此外，如果时点指标已是计算出的各时期平均数，则分子、分母都按时期数列计算序时平均数的方法计算，然后将计算结果进行对比就可以了。

请看下面的计算（表 5-6）：

表 5-6　　某企业按平均工人数计算的劳动生产率

时　　间	1 月	2 月	3 月	4 月	5 月	6 月
总产值 a（万元）	706.1	737.1	761.4	838.3	901.0	1082.4
平均工人数 b	80	81	82	84	85.5	89.5
劳动生产率 c（万元/人）	8.83	9.10	9.29	9.98	10.42	12.09

$$\bar{c}=\frac{\bar{a}}{\bar{b}}=\frac{\dfrac{706.1+737.1+761.4+838.3+901.0+1082.4}{6}}{\dfrac{80+81+82+84+85.5+89.5}{6}}$$

≈ 10（万元/人）

三、增长量和平均增长量

（一）增长量

增长量是报告期水平与基期水平之差。它是以绝对数形式表示的水平分析指标，表明报告期水平比基期水平增减的绝对量。

根据比较基期的不同，增长量可分为累积增长量和逐期增长量。

累计增长量是按固定的基期水平计算的增长量；逐期增长量是以前一期水平为基期计算的增长量。它们分别表示现象较长或较短时期变动的总量，也存在一定的数量关系。这一关系可用公示表示如下：

累计增长量：$a_1 - a_0$，$a_2 - a_0$，…，$a_n - a_0$

逐期增长量：$a_1 - a_0$，$a_2 - a_1$，…，$a_n - a_{n-1}$

则有：$a_n - a_0 = (a_1 - a_0) + (a_2 - a_1) + \cdots + (a_n - a_{n-1})$

这说明累积增长量等于各个逐期增长量之和。同样可以看出，相邻两期累积增长量之差也等于相应的逐期增长量，如，$(a_3 - a_0) - (a_2 - a_0) = (a_3 - a_2)$等。

在社会经济现象中，有的现象发展水平表现为不断降低的趋势，如单位产品成本、单位产值能耗、人口死亡率等。这时，增长量为负值，宜称为“降低量”指标。

（二）平均增长量

增长量还可以加以平均，用来说明某现象在一定时期内平均每期增长的数量。它是逐期增长量所形成的时间数列的序时平均数。其计算公式是：

$$\text{平均增长量} = \frac{\text{逐期增长量之和}}{\text{逐期增长量个数}} = \frac{\text{累计增长量}}{\text{逐期增长量个数}}$$

◆ **实例分析［5－7］**

2013～2017年期间我国水泥产量资料如表5－7所示。

表5－7　我国2013～2017年水泥产量表　　单位：万吨

年份		2013年	2014年	2015年	2016年	2017年
水泥产量		241440	246898	234800	240295	232000
增长量	逐期	—	5458	-12098	5495	-8295
	累计	—	5458	-6640	-1145	-9440

$$\text{年平均增长量} = \frac{5458 - 12098 + 5495 - 8295}{4}$$

$$= \frac{-9440}{4} = -2360\ (\text{万吨})$$

或　$$\text{年平均增长量} = \frac{-9440}{5-1} = -2360\ (\text{万吨})$$

小思考：

请同学们分析上例我国2013年到2017年水泥的增长量和平均增长量。

任务三　动态分析的速度指标

【任务介绍】

◇　发展速度
◇　平均发展速度
◇　平均发展速度与平均增长速度

【任务目标】

◇　了解动态分析的速度指标的意义
◇　熟悉并掌握发展速度、平均发展速度和平均发展速度的的计算

【任务导入】

“超越”学习小组根据上个任务搜集的资料为例，来认识动态分析的速度指标。

【任务分析】

根据表 5－1 国民经济主要指标的发展变化情况，掌握速度指标来进行动态分析。

【知识准备】

分析现象发展变化的速度指标有发展速度、增长速度、平均发展速度和增长速度等。下面我们分别说明它们的计算方法。

一、发展速度

以相对数形式表现的动态分析指标，称为发展速度，它是两个不同时期发展水平指标对比的结果。发展速度用来说明报告期的水平是基期水平的百分之几或若干倍。它的计算公式是：

$$发展速度=\frac{报告期水平}{基期水平}$$

在计算发展速度时，如采用各报告期水平同某一固定基础水平对比计算，则称此发展速度为定基发展速度，它说明现象在较长时期内发展的总速度；如用报告期水平与前一期水平

对比计算，则称此发展速度为环比发展速度，它反映现象在前后两期的发展变化，表示现象的短期变动。在同一动态数列资料下计算的定基发展速度与环比发展速度之间存在着以下的关系：定基发展速度等于相应各个环比发展速度的连乘积。这可用公式表示如下：

定基发展速度：$\frac{a_1}{a_0}$，$\frac{a_2}{a_0}$，$\frac{a_3}{a_0}$，…，$\frac{a_n}{a_0}$

环比发展速度：$\frac{a_1}{a_0}$，$\frac{a_2}{a_1}$，$\frac{a_3}{a_2}$，…，$\frac{a_n}{a_{n-1}}$

则有：$\frac{a_n}{a_0}=\frac{a_1}{a_0}\cdot\frac{a_2}{a_1}\cdot\frac{a_3}{a_2}\cdots\frac{a_n}{a_{n-1}}$

根据以上关系不难看出，已知两个相邻时期的定基发展速度，我们可以推算出相应的环比发展速度，如（a_3/a_0）:（a_2/a_0） $=a_3/a_2$ 等。

二、增长速度

增长速度又称增长率，是反映现象数量增长方向和程度的最常用动态相对指标，由增长量对比基期水平得来。其计算公式如下：

$$增长速度=\frac{报告期水平-基期水平}{基期水平}=\frac{增长量}{基期水平}$$

从上式可以看出，增长速度等于发展速度减1，它们之间所说明的内容是不同的。发展速度说明报告期水平发展到基期水平的多少倍或百分之几，增长速度只是说明增加了多少倍或减少了百分之几。当发展速度大于1时，增长速度为正值，表示现象的增长程度；当发展速度小于1时，增长速度为负值，表明现象减少的程度，所谓“负增长”就是这种情况。

增长速度同样由于比较的基期不同，分为定基增长速度和环比增长速度。定基增长速度是累计增长量除以固定基期的发展水平，或是定基发展速度减1，表明现象在这一时期内增长的速度。环比增长速度是逐期增长量对前一期发展水平之比，表明现象逐期增长的速度。这可用算式表示如下：

定基增长速度：$\frac{a_1}{a_0}-1$，$\frac{a_2}{a_0}-1$，…，$\frac{a_n}{a_0}-1$

环比增长速度：$\frac{a_1}{a_0}-1$，$\frac{a_2}{a_1}-1$，…，$\frac{a_n}{a_{n-1}}-1$

定基增长速度和环比增长速度都是发展速度的派生指标，它们只反映增长部分的相对程度。所以，环比增长速度的连乘积不等于定基增长速度。如果要求定基增长速度，必须将环比增长速度加1连乘，然后将所得的结果再减1。

下面我们仍以我国2011～2016年财政收入完成情况，计算发展速度和增长速度。

任务实施

“超越“小组成员根据表5－1资料，按照速度指标的概念分析我国财政收入的动态水平。

操作示范

表 5－8　　我国的财政收入的发展速度和增长速度表

年份		2011	2012	2013	2014	2015	2016
财政收入（亿元）		103574	117254	129210	140370	152269	159605
发展速度（%）	定基	100	113.2	124.7	135.5	147.0	154.1
	环比	—	113.2	110.2	108.6	108.5	104.8
增长速度（%）	定基	—	13.2	24.7	35.5	47.0	54.1
	环比	—	13.2	10.2	8.6	8.5	4.8

表5－8概述了各项速度指标的计算，当然我们也可以从中验证定基发展速度和环比发展速度，累计增长量和逐期增长量之间的计算关系。借助这种计算上的关系，我们还可以进行未知的发展速度和增长量指标的推算。

在实际工作中，我们经常使用所谓“同比”指标进行现象变动速度分析，它是本期发展水平与去年同期发展水平对比的结果。“同比”中的“同”，指对比两期——报告期与基期——的时间长短完全在年历同一时期内，它可以是今年与去年比，今年的某日、某月、某季与去年的某日、某月、某季比，也可以是今年的某几天、某几月、某几季与去年的某几天、某几月、某几季比较。同比中的“比”，可以是基期、报告期两期同期指标值相差或相除。

【小知识】

我们在报纸上还经常见到“翻番”一词，这也是速度指标。具体说，翻一番，指标数值为原来的两倍，即增长一倍，称为一个倍增（增长速度100%）。但是，翻两番并非比原来增加两倍，而是在原来增加一倍的基础上再增加一倍，即为原来的四倍，实则比原来增加三倍。可见，翻多番的速度是惊人的。

对社会经济现象不仅需要掌握发展速度和增长速度的分析和计算，还要对速度指标进行动态的平均速度分析，因此“超越”学习小组继续要完成平均速度的分析任务。

【知识准备】

三、平均发展速度与平均增长速度

（一）平均速度的概念

平均发展和平均增长速度统称为平均速度。平均速度是各个时期环比速度的平均数，说明社会经济现象在较长时期内速度平均的变化。平均发展速度反应现象逐期发展速度的平均程度，平均增长速度则反映现象逐期递增的平均速度。

平均速度指标是一个十分重要并得到广泛运用的动态分析指标。例如，2017 年我国钢铁产量达到10.5亿吨比2012年的71654万吨增长119.5%，平均每年增长17%。平均速度指标还经常用来对比不同发展阶段的不同发展速度，例如我国钢产量在“六五”、“七五”和“八五”各个时期平均每年分别增长4.7%、7.1%和7.3%。此外，平均速度指标还用来对比不同国家或地区经济发展的不同情况。

平均发展速度与平均增长速度的关系是：

平均增长速度 = 平均发展速度 - 1（或100%）

平均发展速度总是正值，而平均增长速度则可为正值也可为负值。正值表明现象在一定发展阶段内逐期平均递增的程度；负值表示现象在一定发展阶段内逐期平均递减的程度。

（二）平均速度的计算

平均速度指标的计算首先是平均发展速度的计算。

平均发展速递是环比发展速度的平均数，也是一种序时平均数。但是，环比发展速度是根据动态数列中前后项指标对比得来的相对数动态数列，不同于由两个总量指标数列所构成的相对数动态数列，所以不能按上述计算序时平均数的方法来计算。在实际统计工作中，我们运用两种方法计算平均发展速度，即几何平均法和代数平均法。现分述如下：

1. 几何平均法。

现象发展的平均速度，一般用几何平均法计算。平均速度是总速度的平均，但现象发展的总速度，不等于各年发展速度之和，而等于各年环比发展速度的连乘积。因而求环比发展速度的平均数，不能用总和法按算术平均数公式计算，只能按连乘法用几何平均数公式计算。这可用公式表示如下：

$$\bar{x} = \sqrt[n]{x_1 \cdot x_2 \cdot x_3 \cdots x_n} = \sqrt[n]{\prod x}$$

式中：$\bar{x}$ 表示平均发展速度；x 表示各年环比发展速度；n 表示环比发展速度的项数；$\prod$ 为连乘符号。

动态数列中定基发展速度等于各环比发展速度的连乘积，故计算平均发展速度的公式还可表示为：

$$\bar{x} = \sqrt[n]{\frac{a_1}{a_0} \cdot \frac{a_2}{a_1} \cdots \frac{a_n}{a_{n-1}}} = \sqrt[n]{\frac{a_n}{a_0}}$$

一段时期的定基发展速度即为现象的总速度。我们用 R 表示总速度，则平均发展速度的公式还可写成：

$$\bar{x} = \sqrt[n]{R}$$

以上几个算式，我们可根据提供的具体资料选择应用：如果有逐期环比速度，用第一个公式；如果已知期初和期末水平，用第二个公式；如已知发展的总速度，则用第三个公式。

按几何平均法求平均发展速度，需要借助于对数来计算。

按几何平均法计算平均发展速度及其应用举例如下：

◆ 实例分析［5-8］

已知某地区生产总值（GDP）2009～2014年各年的环比发展速度分别为108.9%，107.3%，106.7%，114%，117%，计算平均发展速度。

$\bar{x} = \sqrt[n]{\prod x} = \sqrt[5]{1.089 \times 1.073 \times 1.067 \times 1.14 \times 1.17}$

$\lg \bar{x} = \frac{1}{5}$（lg1.089 + lg1.073 + lg1.067 + lg1.14 + lg1.17）

$= \frac{1}{5}$（0.037 + 0.0306 + 0.0282 + 0.0568 + 0.0682）

$= 0.04418$

计算表明，近5年该地区生产总值平均每年增长10.7%。

◆ **实例分析［5-9］**

1999年我国城镇居民人均可支配收入为17 175元，2004年达到20 167元，计算平均每年递增率。

$\bar{x} = \sqrt[n]{\frac{a_n}{a_0}} = \sqrt[5]{\frac{20167}{17175}} = 1.03$

$\bar{x} = 1.03 = 103\%$

平均递增率 = 103% - 100% = 3%

◆ **实例分析［5-10］**

2000年我国国内生产总值达到99215亿元，到2020年力争比2000年翻两番，试问平均每年增长速度为多少？由此预计到2020年我国GDP将达到多少亿元？我们可以看出经济总量发展速度是4倍：

$R = 400\%$

$\bar{x} = \sqrt[n]{R} = \sqrt[20]{4}$

$\lg\bar{x} = \frac{1}{20}\lg 4 = \frac{0.602}{20} = 0.0301$

$\bar{x} = 1.072 = 107.2\%$

平均增长速度 = 107.2% - 100% = 7.2%

根据公式 $\bar{x} = \sqrt[n]{a_n / a_0}$，$a_n = a_0 \bar{x}^n$，则有：

$a_n = 99\ 215 \times 1.072^{20}$

$\lg a_n = \lg 99\ 215 + 20\lg 1.072 = 4.9966 + 20 \times 0.03019 = 5.6003$

$a_n = 398\ 453$（亿元）

如果现象发展的过程划分为几个时期，且各时期的发展速度指标已知，要对全过程求平均发展速度，则要以各时期的年数为权数，按加权几何平均法计算：

$\bar{x} = \sqrt{\Pi(x)^f}$

或 $\lg\bar{x} = \frac{\sum f\lg x}{\sum f}$

式中：f代表各平均发展速度所代表的年数。

◆ **实例分析［5-11］**

某工厂产值2008～2010年3年平均发展速度为107%，2011～2012年2年平均发展速度为108.2%，则5年的平均发展速度为：

$$\bar{x}=\sqrt[3+2]{1.07^{3}\times1.082^{2}}$$

$$\lg\bar{x}=\frac{1}{5}\ (3\lg1.07+2\lg1.082)$$

$$=\frac{1}{5}\ (3\times0.02938+2\times0.03423)$$

$$=\frac{0.1566}{5}=0.03132$$

$$\bar{x}=1.075=107.5\%$$

2. 代数平均法。

代数平均法又称作方程法或累计法。它是以时期数列各期发展水平的总和与基期水平之比为基础来计算的。方程式法，是利用基期水平与各期定基发展速度的乘积得出各期发展水平，在此基础上计算各期发展水平之和，进而计算平均发展速度。

$$\left(a_0\frac{a_1}{a_0}\right)+\left(a_0\frac{a_2}{a_0}\right)+\left(a_0\frac{a_3}{a_0}\right)+\cdots+\left(a_0\frac{a_n}{a_0}\right)=\sum a$$

由于定基发展速度等于环比发展速度的连乘积，故我们将环比发展速度（以 x 表示）代入，得：

$$a_0x_1+a_0x_1x_2+a_0x_1x_2x_3+\cdots+a_0x_1x_2x_3\cdots x_n=\sum a$$

把上式中的各期环比发展速度以其平均值取代而不改变整个时期水平的总和，就产生了以下方程：

$$a_0\bar{x}+a_0\bar{x}\bar{x}+a_0\bar{x}\bar{x}\bar{x}+\cdots+a_0\bar{x}\bar{x}\bar{x}\cdots\bar{x}=\sum a$$

$$a_0\bar{x}(\bar{x}+\bar{x}^2+\bar{x}^3+\cdots+\bar{x}^n)=\sum a$$

$$\bar{x}+\bar{x}^2+\bar{x}^3+\cdots+\bar{x}^n=\frac{\sum a}{a_0}$$

这个方程式的正根就是所求的年平均发展速度。但是，要解这个方程式是比较复杂的，因此，在实际统计工作中，我们都是根据事先编好的“平均增长速度查对表”来查对应用。

使用查对表时，我们要事先计算出 $(\sum a)/a_0$ 的数值：

$$\frac{\sum a}{a_0}=\frac{a_1}{a_0}+\frac{a_2}{a_0}+\frac{a_3}{a_0}+\cdots+\frac{a_n}{a_0}=\sum y$$

式中：y 表示定基发展速度，即各期发展水平之和与基期水平之比，实际上就是各期定基发展速度之和。因此，这个数值可根据全期总水平即各年发展水平总和除以基期水平来计算，也可以根据各年定期发展速度之和来计算。我们可根据掌握的具体资料加以具体应用。

当 $\frac{1}{n}\left(\frac{\sum a}{a_0}\right)>1$ 时，表明现象是递增的，我们应查找递增速度部分，与这个数值相对应的左边栏内的百分比，即为所求的年均递增速度。

当时 $\frac{1}{n}\left(\frac{\sum a}{a_0}\right)<1$ 时，表明现象是递减的。我们应查找递减速度部分。

◆ **实例分析 [5-12]**

下面举例说明方程式法的运用。

我国“九五”时期基本建设投资额资料如表5-9所示：

表5-9　我国“九五”时期基本建设投资额

年　份	基本建设投资额（亿元）
1995（基期）	7403.6
1996	8610.8
1997	9917.0
1998	11916.4
1999	12455.3
2000	13214.1
“九五”时期合计	56114.1

应用方程式法求平均发展速度和平均增长速度：

$$\frac{\sum a}{a_0}=\frac{56114.1}{7403.6}\times 100\% = 757.93\%$$

757.93%/5 = 151.59% > 100%，表示速度递增。查平均增长速度查对表就可以知道我国“九五”期间基本建设投资额的平均增长速度为14.2%，年平均发展速度为114.2%。

四、计算和应用速度指标的原则

（一）合理选择基期

因为研究的时期是报告期，对比的时期是基期，因此，只有对比的时期选择合适才能更好地分析现象发展变化的速度动态。如以五年计划的前一年作基期，以经济政策调整的前一年作基期等。

（二）总速度与分段速度相结合

这在分析较长历史时期资料时尤为重要。因为仅仅根据一个总的平均速度指标只能笼统地反映现象在很长时期内逐年平均发展或增长的程度，对深入了解现象的发展变化过程往往是不够的。例如，要分析新中国成立以来粮食产量的平均速度时，就有必要分别以国民经济恢复时期、各个五年计划时期和各个特定时期（如受自然灾害影响等）分段计算平均速度加以补充说明。

应该说明，计算速度指标通常以“年”为时间单位，现实中不乏按月、按季计算速度指标的情况。比如媒体报导“房产价格季平均增幅百分之几”，就是一年中各季房价环比发展速度的几何平均数减100%的结果。

（三）速度指标要与绝对量（水平指标）相结合

速度指标与水平指标的直接关系体现为：速度指标是水平指标派生出来的。速度指标与水平指标还有一些间接的关系容易被忽视，因此我们要强调把它们结合在一起，以便对现象作更深刻的动态分析。

要把发展速度和增长速度同隐藏在其后的绝对量——发展水平和增长量——结合起来。具体来说，分析时我们应注意到：发展速度和增长速度下降时，增长量却可能在增加；增长量稳定不变，却意味着增长速度逐期下降；当现象逐期同速增长时，增长量却是逐期增加。而数列中某些时期指标值的负增长却可能被逐期增长量的平均值所掩盖。

进行动态分析时，我们既要看速度，又要看水平。有一个很有代表性的指标，即增长1%的绝对值。增长1%的绝对值即以绝对增长量除以相应的用百分数表现的增长速度，即前期水平的1%，用公式表示为：

$$增长1\%的绝对值=\frac{逐期（或累计）增长量}{环比（或定基）增长速度}\times 1\%$$
$$=\frac{前一期水平（或基期）水平}{100}$$

◆ **实例分析［5－13］**

某工厂利润2017年比2015年增长20%，增长1%的绝对值为12万元。我们知道2015年利润为1200万元，则2017年的利润为：

利润 $=1\,200\times 120\%=1440$（万元）

又如，某地5年中（2010～2014年）煤产量增加45%。每增长1%绝对值为2.4万吨。我们知道2009年的产量为240万吨，则年平均增长量为：

$$年平均增长量=\frac{240\times 145\%-240}{5}=21.6（万吨）$$

任务四　动态数列变动趋势

【任务介绍】

◇　长期趋势的测定—时距扩大法、移动平均法和最小平方法

◇　季节变动的测定—按月平均法和移动平均趋势剔除法

【任务目标】

◇　理解并熟悉长期趋势和季节变动的测定方法

【任务导入】

“超越”学习小组完成了动态分析的任务，清楚了编制动态数列，不但要学会计算增长量、发展速度、增长速度、平均速度等分析指标，通过这些指标来研究现象的发展规律外，还要知晓为消除一些非本质的偶然因素的影响，研究现象的长期变动趋势和季节变动趋势。

【任务分析】

根据我国粮食产量资料运用长期趋势测定法来测定我国粮食产量增长趋势，用实例分析季节变动的方法。

【知识准备】

一、长期趋势的测定

对长期趋势的测定就是用一定的方法对动态数列进行修匀，使修匀后的数列排除季节变动、循环变动和无规则变动等因素的影响，显示出现象变动的基本趋势，作为预测的依据。测定长期趋势的方法主要有时距扩大法、移动平均法和最小平方法。

（一）时距扩大法

这是对长期的动态数列资料进行统计修匀的一种简便方法。它是把原有动态数列中的各时期资料加以合并，扩大每段计算所包括的时间，得出较长时距的新动态数列，以消除由于时距较短受偶然因素影响所引起的波动，清楚地显示现象变动的趋势和方向。

时距扩大法把较小时间跨度转化为较大时间跨度，如昼夜转化为星期或旬、旬转为月、月转化为季或年、一年转成为许多年，是有一定的逻辑可循的。如果动态数列水平波动有一定的周期性，扩大的时距应注意与各次摆动的周期相同；如果动态数列看不出有什么周期性，那么时距就要逐步扩大，直到趋势的方向变得足够清晰为止。

时距扩大修匀可以用扩大时距后的总量指标表示，也可以用扩大时距后的平均指标表示。前者只适用于时期数列，后者可以用于时期数列和时点数列。

任务实施

“超越”小组成员根据我国粮食产量资料，运用时距扩大法对我国粮食产量进行趋势分析。

操作示范

表 5－10 我国 1961 ～2000 年粮食产量 单位：万吨

年 份	产 量	年 份	产 量	年 份	产 量
1961	14750	1975	28 452	1989	40755
1962	16000	1976	28 631	1990	44624
1963	17000	1977	28 273	1991	43529
1964	18750	1978	30 477	1992	44266
1965	19453	1979	33 212	1993	45649
1966	21400	1980	32 056	1994	44510
1967	21782	1981	32 502	1995	46662
1968	20906	1982	35 450	1996	50454
1969	21097	1983	38 728	1997	49417
1970	23996	1984	40 731	1998	51230
1971	25041	1985	37 911	1999	50839
1972	24048	1986	39 151	2000	46218
1973	26494	1987	40 298		
1974	27527	1988	39 408		

从表 5－10 中我们可以看出，40 年来我国粮食产量呈不断增长的趋势，但中间有过几次波动。我们把时距扩大为 5 年，则可消除短时间内因偶然因素影响所带来的波动（表 5－11）：

表 5－11 我国粮食产量增长趋势 单位：万吨

年 份	总 产 量	平均年产量
1961～1965	85953	17190.6
1966～1970	109181	21836.6
1971～1975	131535	26307.0
1976～1980	152649	30529.8
1981～1985	185320	37064.0
1986～1990	204236	40847.2
1991～1995	224616	44923.2
1996～2000	248158	49631.6

我们把时距扩大为 5 年，把中间个别年份的波动修匀了，从而形成了 40 年来完全上升的总趋势。

（二）移动平均法

移动平均法采用逐期推移动的方法计算一系列扩大时距的序时平均数，并以这一系列移动平均数作为对应时期的趋势值。

通过移动法修匀数列，可以更深刻地描述现象发展的基本趋势。

移动平均法的具体做法是：从动态数列第一项数值开始。按一定项数求序时平均数，逐项移动，得出一个由移动平均数构成的新的动态数列，这个派生数列把受某些偶然因素影响所出现的波动修匀了，使整个数列的总趋势更加明显。移动平均法根据资料的特点及研究的具体任务，可能进行三项、四项、五项乃至更多项移动平均。

设动态数列水平顺次为 a_1，a_2，a_3，…，a_n。若取三项平均，则移动平均形成的新数列为：

$$\bar{a}_2 = \frac{a_1 + a_2 + a_3}{3}, \quad \bar{a}_3 = \frac{a_2 + a_3 + a_4}{3}$$

依次类推，可得：

$$\bar{a}_{n-1} = \frac{a_{n-2} + a_{n-1} + a_n}{3}$$

◆ **实例分析［5－14］**

某公司2006～2015年的销售资料如表5－12所示，试用移动平均法（三项移动平均）确定反映趋势变动的新数列。

表5－12　　某公司销售额增长趋势

年 份	销售额（万元）	3年移动合计（万元）	3年移动平均（万元）
1996	10	—	—
1997	40	150	50
1998	100	210	70
1999	70	210	70
2000	40	240	80
2001	130	270	90
2002	100	360	120
2003	130	420	140
2004	190	480	160
2005	160	—	—

移动平均方法如下：第一个移动平均数为50，即（10＋40＋100）/3，可视为第二期（2007年）的趋势值，记为$\bar{a}_2$；第二各移动平均数为70，即（40＋100＋70）/3，可视为第三期（2008年）的趋势值，记为$\bar{a}_3$；依次类推，直至最后一个移动平均数$\bar{a}_{n-1}$，视为第n－1期（2009年）的趋势值。

移动平均法中时距扩大的程度是由动态数列的具体特点决定的。如果时间水平波动有一定的周期性，我们扩大时距应注意时距与周期变动的时距相吻合。

温馨提示：这里要注意的是，在采用偶数项移动平均时，因移动平均数对应的中点是在两个时期之间，故其不能直接作为趋势值使用。就以四项移动平均数来说，第一个移动平均数对应中点在第二项和第三项之间，第二个移动平均数对应中点则在第三项和第四项之间。因此，我们必须取第一和第二个移动平均的算术平均值当作第三个时期的趋势值。依次类推，就得到修正平均数列。

（三）最小平方法

最小平方法，又称为最小二乘法，它是通过一定的数学模型，对原有的时间数列配合一条理想的趋势线来进行修匀。根据最小平方法的原理，这条趋势线必须满足最基本的要求，即原时间数列的实际值与趋势线的估计值的离差平方和为最小。用公式表示如下：

$\sum (y - y_c)^2$ = 最小值

式中：y 代表原时间数列的实际值（各期发展水平）；

y_c 代表趋势线的估计值。

【知识链接】

长期趋势的类型很多，有直线型，也有曲线型，而最小平方法既可用于配合直线，又可用于配合曲线。所以，它是分析长期趋势最为常用且较为理想的方法。下面主要介绍根据社会经济现象的基本趋势，如何用最小平方法配合直线方程，以便作出相关的预测。

如果现象的发展水平，其逐期的增长量大体相同，则可配合直线方程，直线方程的一般形式为：

$y_c = a + bt$

式中：a 代表截距；

b 代表直线的斜率，即 t 每变动一个单位时，y 平均增加（或减少）的数量；

t 代表时间。

上述直线方程中，a、b 为两个未定参数，根据最小平方法的要求，即 $\sum (y - y_c)^2$ = 最小值，可用求偏导数的方法，导出以下联立方程组：

$$\begin{cases} \sum y = na + b\sum t \\ \sum ty = a\sum t + b\sum t^2 \end{cases}$$

式中，n 为时间数列的项数。

为了计算方便，我们往往假设时间 t：当时间项数为奇数时，可假设 t 的中间项为 0，这时时间项依次排列为：…，－3，－2，－1，0，1，2，3，…；当时间项数为偶数时，时间项依次排列为：…，－5，－3，－1，1，3，5，…，这时，原点 0 实际上是在数列正中相邻两个时间的中点。以上两种假设 t 的方法，是为了使 $\sum t = 0$，即时间项的正负相抵消，从而将原联立方程组简化为：

$$\begin{cases} \sum y = na \\ \sum ty = b\sum t^2 \end{cases}$$

因而 a、b 的值可以直接求得，即：

$$\begin{cases} a = \dfrac{\sum y}{n} \\ b = \dfrac{\sum ty}{t^2} \end{cases}$$

◆ **实例分析 [5-15]**

某县粮食产量资料如表5-13所示。根据初步分析，可视为逐期增长量大体相同，所以配合直线趋势方程，现具体说明计算方法。

表5-13　　某县粮食产量资料表　　单位：千克

年份	时间代码 t	粮食产量 y	ty	t^2	y_c
2007	-4	217	-868	16	203.70
2008	-3	230	-690	9	217.97
2009	-2	225	-450	4	232.24
2010	-1	248	-248	1	246.51
2011	0	242	0	0	260.78
2012	1	253	253	1	275.05
2013	2	280	560	4	289.32
2014	3	309	927	9	303.59
2015	4	343	1372	16	317.86
合计	0	2347	856	60	2347.02

将表中数据代入联立方程组中，得：

$$\begin{cases} 2347 = 9a \\ 856 = 60b \end{cases}$$

则：$a = \frac{2347}{9} = 260.78$

$b = \frac{856}{60} = 14.27$

将a、b值代入直线方程，得：

$y_c = 260.78 + 14.27t$

将各年的t值代入直线方程，可得各年的趋势值 y_c；如表5-13最后一栏所示。可见，$\sum y$ 和 $\sum y_c$ 的数值非常接近。

根据该直线方程，可预测未来的发展水平。如预测该县2016年的粮食产量，即t=5时：

$y_c = 260.78 + 14.27 \times 5 = 332.13$（千克）

这个数据可作为经济预测的参考数据。

二、季节变动的测定

（一）测定季节变动的意义

测定季节变动的意义在于掌握季节变动的周期、数量界限及其规律，以便预测未来情况，及时采取措施，克服它对人们经济生活所导致的不良的影响，更好地组织生产和销售，提高经济效益和安排好人民的生活。

（二）测定季节变动的方法

测定季节变动的方法很多，从其是否考虑受长期趋势的影响来看，可以分为两种方法，一是不考虑时期趋势的影响，直接根据原始的时间数列来计算，常用的方法是按月平均法；二是考虑长期趋势的影响，根据剔除长期趋势影响后的数列来计算，常用的方法是移动平均趋势剔除法。无论使用哪种方法来测定季节变动，都需用至少三年的资料作为基本数据进行计算分析，这样才能较好地消除偶然因素的影响，使季节变动的规律性更加切合实际。

1. 按月平均法。

按月平均法又称为按季平均法，若是月份资料就叫按月平均，若是按季度资料则叫按季平均。其计算步骤如下：

（1）列表，将各年同月（季）的数值列在同一栏内；

（2）将各年同月（季）数值加总，求出各月（季）平均数；

（3）将所有月（季）数值加总，求出总的月（季）平均数；

（4）将各月（季）平均数与总的月（季）平均数对比求出各月（季）的季节比率（即季节指数），其计算公式为：

$$\text{季节比率（\%）} = \frac{\text{各月（季）平均数}}{\text{全期各月（季）平均数}} \times 100\%$$

◆ 实例分析［5－16］

某服装公司近三年羊毛衫的销售量资料如表 5－14 所示，试计算季节比率并预测下一年 10 月份羊毛衫的销售量。

表 5－14　某服装公司羊毛衫销售量资料表　单位：万件

月＼年	第一年	第二年	第三年	三年合计	同月平均数	季节比率（%）
1	82	110	123	315	105	181.38
2	72	65	81	218	72.67	125.53
3	62	70	84	216	72	124.37
4	38	40	45	123	41	70.82
5	20	28	45	93	31	53.55
6	5	7	9	21	7	12.09
7	3	4	5	12	4	6.91
8	4	5	6	15	5	8.64
9	11	13	15	39	13	22.46
10	80	96	94	270	90	155.47
11	90	148	161	399	133	229.75
12	85	134	144	363	121	209.02
合　计	552	720	812	2084	57.89	1199.99

由于是月份资料，因此季节比率之和应等于 1200%，本例季节比率之和为 1199.99%，非常接近，若相差过大，应作调整，其方法是：先求出校正系数（校正系数 $=\left(\frac{1200}{\text{12 个月季节比率之和}}\right)$，再用此系数分别乘以原来各月的季节比率。若是季度资料，则季

节比率之和应等于400%。

从表5－14中各月的季节比率不难看出，该服装公司羊毛衫的销售量有较明显的季节变动，4～9月是羊毛衫销售的淡季，其余各月是羊毛衫销售的旺季。掌握了销售量的季节变动规律，就可以采取相应的生产和销售措施。

根据季节变动资料也可进行某些经济预测。例如，已知今年4月份羊毛衫的销售量是50万件，预测今年10月份的销售量：

$$10\text{月份销售量}=\frac{50}{70.82}\times155.47=109.76\text{（万件）}$$

按月平均法的优点是计算方便，缺点是没有考虑数列中长期趋势的影响。从上例中明显可以看出，后一年的数字比前一年同期的数字大，即现象的发展变化存在着长期趋势。这时，用按月平均法计算的季节比率就不够精确，为了弥补这个缺点，我们可以采用移动平均趋势剔除法来测定季节变动。

2. 移动平均趋势剔除法。

这个方法是先对时间数列计算移动平均数，并作为相应时期的趋势值，然后将其从数列中剔除，再测定季节变动。

现仍以某服装公司销售羊毛衫的资料为例来介绍移动平均趋势剔除法。为方便计算，将上例中月份资料改为季度资料，其计算步骤为：

（1）用移动平均法求出长期趋势。因是季度资料，故需采用四项移动平均并移正，如表5－15所示：

表5－15　　移动平均趋势剔除法应用表

<table>
<tr><th colspan="2">季　度</th><th>销售量（万件）
y</th><th>四项移动平均</th><th>二项移正平均
y_c</th><th>剔除趋势值
$y/y_c\times100\%$</th></tr>
<tr><td rowspan="4">第一年</td><td>一季</td><td>216</td><td rowspan="12">138
145.25
148.25
149.25
180
190.75
196.75
197.75
203</td><td rowspan="12">144.625
146.75
148.75
164.625
185.375
193.75
197.25
200.375</td><td rowspan="12">12.71
173.76
164.71
45.56
11.87
195.097
146.01
49.41</td></tr>
<tr><td>二季</td><td>63</td></tr>
<tr><td>三季</td><td>18</td></tr>
<tr><td>四季</td><td>255</td></tr>
<tr><td rowspan="4">第二年</td><td>一季</td><td>245</td></tr>
<tr><td>二季</td><td>75</td></tr>
<tr><td>三季</td><td>22</td></tr>
<tr><td>四季</td><td>378</td></tr>
<tr><td rowspan="4">第三年</td><td>一季</td><td>288</td></tr>
<tr><td>二季</td><td>99</td></tr>
<tr><td>三季</td><td>26</td></tr>
<tr><td>四季</td><td>399</td></tr>
</table>

（2）剔除长期趋势。用原数列除以同一时期的趋势值。如表5－15表中，第一年第三季度：$\frac{18}{144.625}=12.71\%$；第四季度：$\frac{255}{146.75}=173.76\%$。其余依次类推。

（3）求季节比率。用表 5－15 中 y/y_c 得到的数据重新编排，成为表 5－16 中的基本数据，再按季计算平均季节比率。

表 5－16　　按季计算平均季节比率表　　单位：万件

年＼季	第一季	第二季	第三季	第四季	合计
第一年	—	—	12.71	173.76	—
第二年	164.71	45.56	11.87	195.097	—
第三年	146.01	49.41	—	—	—
合　计	310.72	94.97	24.58	368.857	—
平　均	155.36	47.485	12.29	184.429	399.564
校正系数	1.00109	1.00109	1.00109	1.00109	—
季节比率（%）	155.53	47.54	12.30	184.63	400

上表中，各年同季的平均数已是季节比率，但由于四个季度的总和不等于 400%，计算校正系数进行校正，本例中，校正系数为：$\frac{400}{399.564}=1.00109$ 再用 1.00109 乘以各季的平均季节比率。如上表中第一季的季节比率：1.00109×1.5553（155.33%），其余以此类推。经校正后的各季平均季节比率，即是应用移动平均趋势剔除法所求的季节比率。

项目小结

1. 动态数列的概念、作用、构成要素和种类以及编制动态数列的原则。

2. 应用水平指标和速度指标来研究社会经济现象数量方面的变化发展过程。

3. 为消除一些非本质的偶然因素的影响，用数学模型来表明客观现象的长期趋势和季节变动趋势的具体情况，并用以对现象未来的数量特征进行预测。

项目六
认知统计指数分析

当今经济生活中的各种指数不绝于耳，消费品价格指数、股票价格指数、工业生产指数等等，在社会统计中，也经常涉及各类指数的统计计算。统计指数是反映社会经济现象在不同时间、空间上变化的指标。本项目通过指数概念、性质等基本内容的介绍，讲解综合指数的编制方法，并介绍几种常见的实用价格指数，来实现对统计指数分析方法的学习和运用。

学习目标

1. 掌握统计指数的概念、性质和种类；
2. 掌握综合指数的编制方法；
3. 能够运用统计指数分析经济运行质量；
4. 能够运用所学知识度量一组商品项目的综合变动。

项目介绍

任务一 统计指数的含义与种类

任务二 综合指数的编制

任务三 常见的实用价格指数

任务一 统计指数的含义与种类

【任务介绍】

◇ 介绍指数的含义

◇ 介绍统计指数的作用、特点

◇ 介绍统计指数的种类

【任务目标】

◇ 了解统计指数的含义
◇ 理解统计指数的作用
◇ 掌握统计指数的种类

【任务导入】

国家统计局数据显示，2018 年 6 月份全国居民消费价格指数（CPI）数据显示，CPI 环比下降 0.1%，同比上涨 1.9%，同比涨幅比上月略微扩大 0.1 个百分点。上半年，全国居民消费价格比去年同期上涨 2.0%。

2018 年 6 月份，全国居民消费价格同比上涨 1.9%。其中，城市上涨 1.8%，农村上涨 1.9%；食品价格上涨 0.3%，非食品价格上涨 2.2%；消费品价格上涨 1.5%，服务价格上涨 2.4%。

2018 年 6 月份，全国居民消费价格环比下降 0.1%。其中，城市持平，农村下降 0.1%；食品价格下降 0.8%，非食品价格上涨 0.1%；消费品价格下降 0.2%，服务价格上涨 0.2%。

以上数据描述的是什么样的经济市场情况？

【任务分析】

任务中数据显示的是我国 2018 年前半年的居民消费价格水平，反映了我国居民消费情况与去年同期的一个对比情况，总的来说全国居民消费价格比去年同期是上涨的，并分别将 6 月的数据进行了同比和环比。

通过这份统计报告，你将会对 2018 年我国居民消费水平有所了解，学习了统计指数的内容，你将会真正读懂它，而且还会知道很多与此相关的知识。

【知识准备】

一、指数的含义

现实世界中的各种现象之间相互联系、相互制约，相互依存，某些现象发生变化时，另一现象也随之发生变化。如商品价格的变化会刺激或抑制商品销售量的变化；劳动力成本的变化会对产品销售成本有直接的影响；人均收入的降低会影响对该企业产品的需求量等，研究这些现象之间的依存关系，找出它们之间的变化规律，就是对经搜集、整理过的统计数据进行数据分析，为科学统计提供依据。

生活中我们总会听到人谈起指数，比如出行时看油价指数、紫外线指数、空气指数。商业投资时，看道琼斯指数、香港恒生指数等。而消费品价格指数、生活费用价格指数等，同人们的日常生活休戚相关。

指数是从微观过渡到宏观，综合反映社会经济现象在时间、空间上变化的重要统计指标。指数的概念不仅仅指反映物价的变动，所有反映经济现象动态变化的相对数都称为指数。

统计指数的概念有两种理解，即广义的统计指数和狭义的统计指数。

广义指数是泛指社会经济现象数量变动的比较指标，即用来表明同类现象在不同空间、时间、实际与计划的对比变动情况的相对数，包括前面所讲的比较相对数、动态相对数、计划完成程度相对数等指标。它主要反映个别事物单一的数量变动情况，比如某品牌手机销售量的指数仅反映手机销售量的相对数，只是反映单一个体的总体变化。可见，凡是说明社会经济现象动态的相对数，包括说明单一相同事物的个体变化和说明多种不同事物的综合变化的相对数，都是广义上的统计指数。

狭义指数是反映不能直接相加的多种事物或复杂现象总体的综和变动程度的相对数。例如，原煤、木材、电力、机械设备等产品，是不同度量的事物，因此也就不能直接将这些产品产量进行相加来说明这些产品产量的总变动情况。但我们有时却要把它们当作一个总体来反映它们的变动或差异程度，这就是狭义上的统计指数，统计中所讲的指数，主要是指狭义的指数。

二、统计指数的性质

正确应用统计指数，还必须要深刻了解统计指数的性质，概括的讲，统计指数有以下性质。

1. 相对性。

统计指数总体各变量在不同场合下对比形成的相对数，它可以度量一个变量在不同时间或不同空间的相对变化。

2. 综合性。

综合性说明指数是一种特殊的相对数，它是由一组变量或项目综合对比形成的。没有综合性，指数就不能发展成为一种独立的理论和方法。

3. 平均性。

统计指数是总体水平的一个代表性指数。平均性的涵义有二：一是指数进行比较的综合数量是作为个别量的一个代表，这本身就具有平均性；二是两个综合量对比形成的指数反映了个别量的平均变动水平。

三、统计指数的作用

统计指数在社会经济领域内广泛应用，这是由于统计指数具有独特的功能，能够发挥重要的作用。具体表现在以下几个方面：

1. 综合反映复杂社会经济总体在时间和空间方面的变动方向和变动程度。这是统计指数最重要的作用。在社会经济现象中，大量存在着不能直接加总或不能直接对比的复杂总体，为了反映和研究它们的变动方向和变动程度，只能通过统计指数法，编制统计指数才能得到解决。

2. 分析和测定社会经济现象总体变动受各因素变动的影响。社会经济现象总体中包含着数量因素和质量因素，通过编制数量因素指数和质量因素指数，可以分析和测定各因素变动对总体变动的影响。

3. 研究平均指标指数变动及其受水平因素和结构因素变动的影响。平均指标中包含水平因素和结构因素，因此可以编制可变组成指数，不变组成指数和结构影响指数，研究平均指标的变动及其各因素变动对平均指标变动的影响。

四、统计指数的种类

统计指数按照不同的研究目的和要求，可以作如下各种分类：

1. 按指数反映对象的范围不同，可分为个体指数和总指数。

个体指数反映某种社会经济现象个别事物变动的情况，如反映某一种商品物价变动的情况。常用的个体指数有个体产品产量指数、个体产品成本指数、个体物价指数。

个体指数的计算比较简单，只要将个别现象的报告期水平与基期水平直接对比即可：

$$个体指数 = \frac{某一个体报告期水平}{相同个体的基期水平} \times 100\%$$

例如某手机的基期单价是 1000 元，报告期单价是 1200 元，那么该商品的个体价格指数就是 $1200 \div 1000 = 120\%$ 。

总指数则综合反映某种事物包括若干个别事物总的变动情况，如反映若干商品总的物价变动情况，是我们需要特别研究的指数。如反映不同零售商品的总的物价变动的物价总指数。有时为了研究需要，在介于个体指数与总指数之间，还编制组指数（或类指数）。组指数的编制方法与总指数相同。

2. 按其表现性质不同，分为数量指标指数和质量指标指数。

数量指标指数反映现象总体的规模和水平的变动状况，如产量指数，职工人数指数等。质量指标指数则反映现象总体内涵质量的变动，如商品物价指数，劳动生产率指数等。

3. 按对比基期不同，分定基指数和环比指数。

定基指数是将不同时期的某种指数按时间先后顺序排列后形成的指数数列。在同一个数列中，如果各个指数都以某一个固定时期作为基期，就称为定基指数。

环比指数是指以前一时期为基期计算的指数，它是能够表明社会经济现象对上一期或前一期的综合变动指数。如月环比价格指数的基期为上月；以上年同期（月指数为上年同月，季指数为上年同季）为基期的指数，叫作年（月、季）距环比指数。

4. 按其对比内容的不同分为动态指数和静态指数。

统计指数按其本来的涵义，都是指动态指数。但在实际运用过程中，涵义渐渐推广到了静态事物和空间对比，因而产生了静态指数。所谓静态指数是指在同一时间条件下不同单位，不同地区间同一事物数量进行对比所形成的指数；或同一单位，同一地区计划指标与实际指标进行对比所形成的指数。动态指数是由两个不同时期的同类经济变量值对比形成的指数，说明现象在不同时上发展变化的过程和程度。

牛刀小试

你能区分表 6 – 1 中各指数的种类吗？

表 6－1 指数的种类

指数	个体指数	总指数	数量指标指数	质量指标指数
某一商品单位成本指数				
三种产品的价格指数				
全国消费品零售价格指数				
企业产量指数				
企业工人劳动生产率指数				

任务二　综合指数的编制

【任务介绍】

◇　介绍了综合指数的含义
◇　介绍了综合指数的编制

【任务目标】

◇　进行相关分析的定性和定量的分析
◇　了解相关分析中应注意的问题，掌握相关分析的主要方法
◇　根据相关分析法能够将小组自己收集的资料进行整理，完成相关分析工作

【任务导入】

某商城三种商品销售资料如表 6－2 所示，如何综合反映这三种商品的销售量综合变动情况和价格综合变动情况？

表 6－2 某商场几种商品销售资料

商品类别	计量单位	商品价格（元）		销售量（千克）	
		基期 p_0	报告期 p_1	基期 q_0	报告期 q_1
大米	千克	6	6	2400	2500
服装	件	50	60	300	280
自行车	台	550	600	60	50

【任务分析】

在编制商品销售量综合指数时，会遇到如下问题：（1）三种商品销售量的计量单位不同，它们分别是“千克”“件”“台”，不同单位的商品不能直接相加；（2）四种商品的价格是不同的，有的高，有的低，只是把它们的销售量简单相加，无异于把它们的价格同等看待，其结果没有实际经济含义，也与事实不符。

在编制商品价格综合指数时，也会遇到类似问题：例如四种商品的价格表面上看起来，都是“元”，但实际上分别是“元/千克”“元/件”“元/台”，并不相同。如果把它们的价格简单相加，计算得出的价格综合指数也是没有实际经济意义的。

为了解决这些不能直接相加的问题，得到反映这些不能直接相加的个别现象数量的总量指标，就需要引入一个因素，使不能直接相加的现象变为能相加的现象，这个因素就叫作同度量因素。还要将其中同度量因素指标固定下来，只观察另一因素指标的变动情况。

【知识准备】

一、综合指数的概念

一个商店专营某一品牌的电视机，上一年度销售了300台，本年度销售量达到360台。那么该商店的电视机销售量的变化指数是360÷300＝120%，即销售量比上一年增长了20%。如果某商店经营的既有电视机，还有大米、服装、自行车等，它们的计量单位不同、价值也不同，因此就不能通过简单直接相加后的比值反映这三种商品的总量变化情况。

统计研究的对象通常是复杂的总体现象。因此，从研究对象的范围来看，主要是指总指数的编制。总指数有综合指数与平均指数，其中综合指数是总指数的基本形式，因此要研究总指数的编制方法，首先要弄清综合指数的编制原理。

综合指数是由两个经济总量对比而形成的指数，该经济总量往往有多种因素，在综合指数编制中为达到只反映一个经济因素变动的目的，往往要将其余因素以同度量因素的身份出现。

二、综合指数的编制方法

（一）数量指标综合指数的编制

数量指标是反映社会经济现象发展总规模、总水平或工作总量的统计指标，一般用绝对数表示，具有实物的计量单位。比如：产量、销售量、总人数、货物运输量等。数量指标指数是指综合反映现象的规模、水平发展变化的指数。如产品产量指数说明总产值这一经济总体中产量的变动情况；商品销售量指数说明商品销售额这一经济总体中商品销售量的变动情况。

现以销售量指数为例，说明数量指标指数的编制方法。

案例：某蔬菜商场三种蔬菜的销售资料如表6－3所示。

表 6－3　　某蔬菜商场三种蔬菜的销售资料

商品类别	商品价格（元/千克）		销售量（千克）	
	基期 p_0	报告期 p_1	基期 q_0	报告期 q_1
白菜	1.6	1.8	550	560
黄瓜	2.0	1.9	224	250
萝卜	1.0	0.9	308	320

销售量个体指数的计算公式为：$k_q = \frac{q_1}{q_2}$

其中，k_q——数量指标个体指数

q_1——报告期数量指标

q_0——基期数量指标

白菜、黄瓜、萝卜三种蔬菜的销售量个体指数分别为：$\frac{560}{550} = 102\%$、$\frac{250}{224} = 117\%$、$\frac{320}{308} = 104\%$

通过计算三种蔬菜的个体指数，可以看到三种蔬菜的销售量变动幅度是不同的。在计算三种商品销售量的总变动时，由于计量单位不同，所以三种产品的销售量不能直接相加，此时需要将商品的价格作为同度量因素，使其过渡到能相加的商品销售额，然后用两个时期的销售额对比计算商品销售量总指数。同时，价格采用同一时期的，也就是说分子、分母中价格保持不变，只销售量一个因素变化，用相比的结果说明三种蔬菜销售量的综合变动程度。

以基期价格 p_0 作为同度量因素计算销售量的综合指数 $\overline{k}_q$：

$$\overline{k}_q = \frac{\sum q_1 p_0}{\sum q_0 p_0} = \frac{1.6 \times 560 + 2.0 \times 250 + 1.0 \times 320}{1.6 \times 550 + 2.0 \times 224 + 1.0 \times 308}$$

$$= \frac{1716}{1636} = 104.89\%$$

计算结果表明，三种蔬菜在基期价格水平下，销售量的综合变动情况为增长 4.89%。

由于销售量的增加而增加的销售额为：

$$\sum q_1 p_0 - \sum q_0 p_0 = 1716 - 1636 = 80 \text{（元）}$$

本案例表明三种蔬菜由于销售量增长了 4.89%，使得销售额增加了 80 元。

（二）质量指标综合指数的编制

质量指标是反映社会经济现象相对水平或平均水平的统计指标的指数。比如说反映劳动生产率的指数。

质量指标指数编制原理与数量指标指数的编制原理相同，只是同度量因素的固定时期不同。

编制质量指标综合指数的一般原则是：编制质量指标指数，将数量指标作为同度量因素，并将其固定在报告期的水平上。

现以商品价格指数为例，说明质量指标指数的编制方法。

案例： 根据表 6－3 某蔬菜商场三种蔬菜的销售资料：价格的个体指数计算公式为：

$$k_p = \frac{p_1}{p_0}$$

其中，k_p——价格指标个体指数

p_1——报告期价格指标

p_0——基期价格指标

白菜、黄瓜、萝卜三种蔬菜的价格个体指数分别为：$\frac{1.8}{1.6} = 112.5\%$、$\frac{1.9}{2.0} = 95\%$、$\frac{0.9}{1.0} = 90\%$

可以看出三种蔬菜的价格变动幅度也是不同的。在计算三种蔬菜价格总变动时，以蔬菜的销售量为同度量因素，使其过渡到能够相加的商品销售额，然后用两个时期的销售额进行对比来求得价格总指数。

以报告期 q_1 作为同度量因素计算价格的综合指数 $\bar{k}_p$：

$$\bar{k}_p = \frac{\sum q_1 p_1}{\sum q_1 p_0} = \frac{560 \times 1.8 + 250 \times 1.9 + 320 \times 0.9}{550 \times 1.6 + 250 \times 2.0 + 320 \times 1.0} = \frac{1771}{1716} = 103.21\%$$

表明：三种蔬菜在报告期销售量水平不变的情况下，价格综合变动程度为增长 3.21%，由于价格的增长，带来的销售额增值为：

$$\sum q_1 p_1 - \sum q_1 p_0 = 1771 - 1716 = 55 \text{（元）}$$

可以看出，编制质量指标综合指数时，指数化指标是质量指标，以报告期的数量指标为同度量因素。即：

$$\bar{k}_p = \frac{\sum q_1 p_1}{\sum q_1 p_0}$$

任务实施

“阳光出行”小组成员根据任务情境提供的资料，按照综合指数计算的方法，将任务数据资料进行编制（表 6－4）。

表 6－4　　某商场几种商品销售资料

商品类别	计量单位	商品价格（元）		销售量	
		基期 p_0	报告期 p_1	基期 q_0	报告期 q_1
大米	千克	6	6	2400	2500
服装	件	50	60	300	280
自行车	台	550	600	60	50

操作示范

1. 数量指标综合指数的编制。

以基期价格 p_0 作为同度量因素计算销售量的综合指数 $\overline{k}_q$：

$$\frac{\sum q_1p_0}{\sum q_0p_0}=\frac{6\times2500+50\times280+550\times50}{6\times2400+50\times300+550+60}$$

$$\overline{k}_q=\frac{56500}{62400}=90.54\%$$

计算结果表明，三种商品在基期价格水平下，销售量的综合变动情况为降低了 9.46%。由于销售量的减少而减少的销售额为：

$$\sum q_1p_0-\sum q_0p_0=56500-62400=-5900\text{（元）}$$

表明三种商品由于销售量降低了 9.46%，使得销售额减少了 5900 元。

2. 质量指标综合指数的编制。

以报告期 q_1 作为同度量因素计算价格的综合指数 $\overline{k_p}$：

$$\overline{k}_p=\frac{\sum q_1p_1}{\sum q_1p_0}=\frac{6\times2500+60\times280+600\times50}{6\times2500+50\times280+550\times50}$$

$$=\frac{61800}{56500}=109.38\%$$

表明：三种商品在报告期销售量水平不变的情况下，价格综合变动程度为增长 9.38%，由于价格的增长，带来的销售额增值为：

$$\sum q_1p_1-\sum q_1p_0=61800-56500=5300\text{（元）}$$

任务三　常见的实用价格指数

【任务介绍】

◇ 消费者价格指数

◇ 基尼系数

◇ 恩格尔系数

◇ 采购经理指数

【任务目标】

◇ 理解几个重要的经济指数

◇ 运用统计指数分析经济运行质量

【任务导入】

统计指数在社会经济运行中发挥着至关重要的作用，那么生活中哪些经济指数是必须关注的呢？“阳光出行”小队开始查找生活中普通人关注的经济指数。

【任务分析】

国家每年都会发布各种经济指数，比如 CPI、GDP、基尼系数、恩格尔系数等。这些经济指数已经影响到了我们生活的方方面面，通过对经济指数的了解，也能够帮助普通老百姓调整其投资理财策略。本任务主要是学习几个十分重要但又容易被忽视的经济指数。

【知识准备】

一、消费者对价格指数 CPI

CPI 是反映与居民生活有关的消费品及服务价格水平的变动情况的重要经济指标，也是宏观经济分析与决策以及国民经济核算的重要指标。一般来说，CPI 的高低直接影响着国家的宏观经济调控措施的出台与力度，如央行是否调息、是否调整存款准备金率等。同时，CPI 的高低也间接影响资本市场（如股票市场）的变化。

编制居民消费价格指数的目的，是了解全国各地价格变动的基本情况，分析研究价格变动对社会经济和居民生活的影响，满足各级政府制定政策和计划、进行宏观调控的需要，以及为国民经济核算提供参考和依据。

基本功能：

（1）度量通货膨胀（通货紧缩）。CPI 是度量通货膨胀的一个重要指标。通货膨胀是物价水平普遍而持续的上升。CPI 的高低可以在一定水平上说明通货膨胀的严重程度。

（2）国民经济核算。在国民经济核算中，需要各种价格指数。如消费者价格指数（CPI）、生产者价格指数（PPI）以及 GDP 平减指数，对 GDP 进行核算，从而剔除价格因素的影响。

（3）反映货币购买力变动：货币购买力是指单位货币能够购买到的消费品和服务的数量。消费者物价指数上涨，货币购买力则下降；反之则上升。消费者物价指数的倒数就是货币购买力指数。

（4）反映对职工实际工资的影响：消费者物价指数的提高意味着实际工资的减少，消费者物价指数的下降意味着实际工资的提高。因此，可利用消费者物价指数将名义工资转化为实际工资。

（5）CPI 对股市的影响：一般情况下，物价上涨，股价上涨；物价下跌，股价也下跌。

消费者物价指数测量的是随着时间的变化，包括 200 多种各式各样的商品和服务零售价格的平均变化值。这 200 多种商品和服务被分为 8 个主要的类别。在计算消费者物价指数时，每一个类别都有一个能显示其重要性的权数。这些权数是通过向成千上万的家庭和个人，调查他们购买的产品和服务而确定的。权数每两年修正一次，以使它们与人们改变了的偏好相符。

CPI 表示对普通家庭的支出来说，购买具有代表性的一组商品，在今天要比过去某一时间多花费多少，例如，若 1995 年某国普通家庭每个月购买一组商品的费用为 800 元，而 2000 年购买这一组商品的费用为 1000 元，那么该国 2000 年的消费价格指数为（以 1995 年为基期）CPI = 1000/800 × 100% = 125%，也就是说上涨了（125% − 100%）= 25%。

二、基尼系数

基尼系数是 1943 年美国经济学家阿尔伯特·赫希曼根据洛伦兹曲线所定义的判断收入分配公平程度的指标。基尼系数是比例数值，在 0 和 1 之间，是国际上用来综合考察居民内部收入分配差异状况的一个重要分析指标。

其具体含义是指，在全部居民收入中，用于进行不平均分配的那部分收入所占的比例。基尼系数最大为“1”，最小等于“0”。前者表示居民之间的收入分配绝对不平均，即 100% 的收入被一个单位的人全部占有了；而后者则表示居民之间的收入分配绝对平均，即人与人之间收入完全平等，没有任何差异。但这两种情况只是在理论上的绝对化形式，在实际生活中一般不会出现。因此，基尼系数的实际数值只能介于 0 ~ 1 之间，基尼系数越小收入分配越平均，基尼系数越大收入分配越不平均。国际上通常把 0.4 作为贫富差距的警戒线，大于这一数值容易出现社会动荡。

区段划分（表 6 – 5）：

表 6 – 5　　基尼系数（按照联合国有关组织规定）

低于 0.2	收入绝对平均
0.2 ~ 0.3	收入比较平均
0.3 ~ 0.4	收入相对合理
0.4 ~ 0.5	收入差距较大
0.5 以上	收入差距悬殊

基尼指数通常把 0.4 作为收入分配差距的“警戒线”，根据黄金分割律，其准确值应为 0.382。一般发达国家的基尼指数在 0.24 ~ 0.36 之间，美国偏高为 0.45 以下为中国历年的基尼系数（表 6 – 6）。

表 6 – 6　　中国基尼系数统计表

年度	2003	2004	2005	2006	2007	2008	2009	2010	2011	2012	2013
基尼系数	0.479	0.473	0.485	0.487	0.484	0.491	0.49	0.481	0.477	0.474	0.473

资料来源：国家统计局。

三、恩格尔系数

恩格尔系数是根据恩格尔定律而得出的比例数。19 世纪中期，德国统计学家和经济学家恩格尔对比利时不同收入的家庭的消费情况进行了调查，研究了收入增加对消费需求支出构成的影响，提出了带有规律性的原理，由此被命名为恩格尔定律。其主要内容是指一个家庭或个人收入越少，用于购买生存性的食物的支出在家庭或个人收入中所占的比重就越大。对一个国家而言，一个国家越穷，每个国民的平均支出中用来购买食物的费用所占比例就越大。恩格尔系数则由食物支出金额在总支出金额中所占的比重来最后决定。

国际上常常用恩格尔系数来衡量一个国家和地区人民生活水平的状况。根据联合国粮农组织提出的标准，恩格尔系数在59%以上为贫困，50%～59%为温饱，40%～50%为小康，30%～40%为富裕，低于30%为最富裕。

恩格尔系数：食物支出金额÷总支出金额×100%＝恩格尔系数

除食物支出外，衣着、住房、日用必需品等的支出，也同样在不断增长的家庭收入或总支出中，所占比重上升一段时期后，呈递减趋势。

恩格尔系数是国际上通用的衡量居民生活水平高低的一项重要指标，一般随居民家庭收入和生活水平的提高而下降。改革开放以来，我国城镇和农村居民家庭恩格尔系数已由1978年的57.5%和67.7%分别下降到2010年的35.7%和41.1%（表6－7）。

表6－7　　2005～2016年我国城乡居民家庭的恩格尔系数（%）

年度	城市居民	农村居民
2005	36.7	45.5
2006	35.8	43.0
2007	36.3	43.1
2008	37.9	43.7
2009	36.5	41.0
2010	35.7	41.1
2011	36.3	40.4
2012	36.2	39.3
2013	30.1	34.1
2014	30.0	33.5
2015	29.7	33.0
2016	29.3	32.2

资料来源：国家统计局。

四、采购经理指数PMI

PMI每项指标均反映了商业活动的现实情况，综合指数则反映制造业或服务业的整体增长或衰退。调查采用非定量的问卷形式，被调查者对每个问题只需做出定性的判断，在（比上月）上升、不变或下降三种答案中选择一种。进行综合汇总就是统计各类答案的百分比，通过各指标的动态变化来反映经济活动所处的周期状态。制造业及非制造业PMI商业报告分别于每月1号和3号发布，时间上大大超前于政府其他部门的统计报告，所选的指标又具有先导性，所以PMI已成为监测经济运行的及时、可靠的先行指标。

（一）制造业 PMI

最早起源于美国 20 世纪 30 年代，经过几十年的发展，该体系现包含新订单、产量、雇员、供应商配送、库存、价格、积压订单、新出口订单、进口等商业活动指标。

以上各项指标指数基于对样本企业采购经理的月度问卷调查所得数据合成得出，再对生产、新订单、雇员、供应商配送与库存五项类指标加权计算得到制造业 PMI 综合指数。

（二）服务业 PMI

指标体系则包括：商业活动、投入品价格指数、费用水平、雇员、未来商业活动预期等指数，但因其建立时间不长，尚未形成综合指数。

注：上述指标除综合指数是各国统一的以外，其他扩散指数各国并非全部采用，而是根据本国情况有所差异。

此外，其他扩散指数：采购量、积压订单（现有订单）、出口订单、价格（采购品价格、产成品价格）、库存（产成品库存、采购品库存、用户库存）、进口。

PMI 指数 50 为荣枯分水线。一般来说，PMI 计算出来之后，可以与上月进行比较。如果 PMI 大于 50%，表示经济上升，反之则趋向下降。一般来说，汇总后的制造业综合指数高于 50%，表示整个制造业经济在增长，低于 50% 表示制造业经济下降。PMI 略大于 50，说明经济在缓慢前进，PMI 略小于 50 说明经济在慢慢走向衰退。

计算方法：

PMI 是一个综合指数，由 5 个扩散指数加权而成，即产品订货（简称订单）、生产量（简称生产）、生产经营人员（简称雇员）、供应商配送时间（简称配送）、主要原材料库存（简称存货）。这 5 个指数是依据其对经济的先行影响程度而定，各指数的权重分别是：订单 30%，生产 25%，雇员 20%，配送 15%，存货 10%。计算公式如下：

PMI = 订单 ×30% + 生产 ×25% + 雇员 ×20% + 配送 ×15% + 存货 ×10%

项目七
认知抽样推断分析

抽样推断是统计调查中的重要方法，在实际工作中运用广泛。当我们遇到的调查任务总体数量庞大甚至无限时，想要获取所有总体单位的数据就变得异常困难，此时我们就必须借用抽样调查的方法。通过抽取样本数据并对样本数据进行分析从而推断总体的特征和发展趋势，同时运用一定的概率统计将抽样误差控制在合理范围内。通过本项目的学习，学生们能独立计算抽样误差并掌握抽样数目确定的方法，为实践工作中抽样调查和推断打下扎实基础。

学习目标

1. 了解抽样推断的概念、特点及不同方法。
2. 掌握不同的抽样组织方式下抽样平均误差的计算方法。
3. 了解统计误差产生的原因及控制误差的主要方法。
4. 熟练掌握必要抽样数目的确定方法。

项目介绍

本项目的学习共分为五个任务，依次为：

任务一
认识抽样推断分析法

任务二
抽样推断的基本概念

任务三
抽样推断的组织方式

任务四
认识抽样误差

任务五
认识抽样误差

任务一　认识抽样推断分析法

【任务介绍】

◇　抽样推断的概念
◇　抽样推断的特点
◇　抽样推断的作用

【任务目标】

◇　了解抽样推断的概念
◇　掌握抽样推断的重要特点
◇　能独立阐述抽样推断的作用

【任务导入】

阳光小组接到任务，要了解河南省居民人均收入情况，通过查阅河南省统计局公布的《2017 年河南省国民经济和社会发展统计公报》获悉，国家统计局河南调查总队通过调查，2017 年全年全省居民人均可支配收入 20170 元，比上年增长 9.4%；居民人均消费支出 13730 元，增长 8.0%。按常住地分，城镇居民人均可支配收入 29558 元，增长 8.5%，城镇居民人均消费支出 19422 元，增长 7.4%；农村居民人均可支配收入 12719 元，增长 8.7%，农村居民人均消费支出 9212 元，增长 7.3%。阳光小组看到如此详细的信息开始思考：这些数据是通过什么调查方式得到的呢？是普查还是抽样调查呢？

通过认真讨论和查阅相关资料，小组成员了解到河南省省幅员辽阔，人口众多，如果采用普查则工作量及调查费用将异常庞大。最为可行和有效的方法是在全省抽取部分居民（包括城镇和农村居民）进行调查，根据这部分调查所得收入数据资料去推断全省农民收入的平均水平。

【任务分析】

从上述工作可以看出，在很多统计问题中，由于人力、物力、财力及时间限制，或由于取得全部数据的不可操作性等客观现实情况，我们不能收集全面数据，只能从总体中收集部分数据，依据对抽取的部分数据对所研究对象的数量特征或数量规律性进行推断。这种依据部分观测获取的数据对整体的数量特征或数量规律性进行的推断称为统计推断。

【知识准备】

一、抽样推断的含义

抽样推断分析法是统计研究中一种重要的非全面调查方法。抽样推断按照随机原则，客观角度从调查对象中抽取部分调查单位构成样本进行调查，运用数理统计的方法对获得的样本数据进行分析，最终通过样本数据情况对总体进行估计和推断的一种研究方法。

例如某企业生产的3000个零件中，按照10%的比例，抽取300件进行检查，发现15件是废品，则废品率为（15/300）×100%=5%，采用抽样调查的结果，废品率是5%，来推算3000个零件的废品率，该方法即是抽样推断，抽取的300个零件就是样本。

二、抽样推断的特点

1. 按照随机原则抽取样本。

随机原则要求从调查对象中抽取样本不受调查人员主观因素的影响，客观从总体中抽取部分调查单位作为受访对象，保证总体中的每一单位均在偶然随机情况下持相同机会被抽中。随机原则可以保证抽取到的样本数据对对总体的代表性更高。

2. 根据样本数据推断总体特征。

根据部分调查单位（样本）的指标数值推断总体指标数值的方法。现实中众多社会经济现象难以通过全面调查认识其数量特征和数量关系，而我们又必须通过科学的方法对该现象进行调查以获悉其现象的本质及数量关系和特征。抽样推断分析法在现实运用中很好的解决了此类矛盾。通过样本数据推断总体特征实现从特殊到一般，从部分到总体的认识，由获得的样本的实际数据，计算样本指标，推算总体指标。抽样推断大大提高了统计分析的认识能力和预见能力。

3. 抽样误差可以估计并控制。

由于按随机原则抽取的样本结构和总体结构不可能完全一致，使得样本指标推断总体指标不可避免的存在误差。误差不可消除但误差大小可以事先通过计算进行估计并通过相应方法对误差范围进行控制，确保抽样推断的结果具有较高的精准性和适用性。同时抽样推断根据事先给定的误差允许范围设计，是具有一定概率保证的估计和判断。

三、抽样推断的作用

1. 对不可能进行全面调查的现象又要了解其全面的情况，可以采用抽样方法。

第一类情况是企业产品质量检验中大部分为以破坏产品为前提的检验，故企业只能从同批次产品中随机抽取一部分进行检验。例如灯泡寿命检查、子弹质量检查等。

第二类情况是总体范围过大，总体单位分布散乱，全面调查现实中无法开展，同时考虑人力、物力、财力等因素，采用抽样调查，也可以达到较为精准的结果。全国大学生的心理状况调查、全国居民消费水平调查、全国城乡居民人均收入水平的调查等。

2. 抽样推断分析法可以对全面调查的结果加以补充或修正。

由于全面调查涉及面广，工作量大，调查成员较多，调查结果不可避免会出现差错，故在全面调查开展后可以通过抽样推断法，根据抽样中样本的结果对总体进行补充修正，提高全面调查数据的质量。例如：对普查的结果进行登记质量的抽样调查，修正结果等。

3. 抽样推断时效性强，最大限度保证数据的价值。

统计调查对于调查的时效性要求较强，若调查时间过长，则调查的数据能及时反映现状，将失去其价值和意义。而抽样调查调查单位少、时间短、方式灵活，能满足及时性的要求，最大限度保证了数据的新鲜和价值，故应用广泛。例如企业产品验收检验、产品市场需用量调查，国家对 CPI 等重要指数的调查等，都需采用抽样调查方法来保证其及时性。

任务二　抽样推断中的基本概念

【任务介绍】

◇　总体与样本
◇　总体参数与样本统计量
◇　抽样误差
◇　置信度

【任务目标】

◇　掌握总体与样本的概念和关系
◇　了解总体参与与统计量的关系
◇　掌握抽样误差与置信度的概念

【任务导入】

中国品牌研究院 2009 年 9 月 2 日发布的《广东省首届市长支持率训查报告》

此报告显示，惠州、珠海、中山三地的市长支持率最高，惠州市市长的支持率为 85%、珠海市市长的支持率为 82.9%、中山市市长的支持率为 81.1%，上述三地市长的支持率均超过八成。相反，支持率排在榜尾的湛江、揭阳、汕尾、阳江、茂名五地的市长，支持率全部低于 60%。广州和深圳市的市长支持率分列第九和第十位，成绩仅为中等偏上。

据中国品牌研究院负责人介绍，本次调查市长支持率共涉及收入、医疗、住房等 10 项考核指标，调查对象为广州、深圳、珠海、汕头等广东省 21 个地级市市长。每个城市的电话调查样本量，以 400 个为下限。当地的市民数量如果超过 300 万，则每超过 200 万人口增加 100 个样本。超过 300 万人口而不到 500 万人口的城市，调查样本量为 500 个。另外，本次调查的误差率控制在5%以内。

【任务分析】

思考：此调查报告中所提到的广东省各个城市的支持率及其排名你认为客观吗？你是否想知道这些结果是怎样得到的呢？报告中提到的“样本量”和“误差率”又有什么实际意义呢？相信你学完任务二内容后，对这些问题都会有一个清晰的认识。

【知识准备】

一、总体和样本

（一）总体

总体，又称为全及总体，指根据研究目的确定的研究对象的全体，即研究范围内具有某种共同属性的全体单位所构成的集合体。通常用N表示。例如要调查某市高校2018年毕业生对就业满意度的情况，则某市所有高校中2018届毕业生为调查对象，即总体N。

（二）样本

样本，又称为样本总体。样本是从总体中随机抽取出来的，代表此总体中被抽取部分单位组成的集合体。样本中所包含的单位数被称为样本容量，通常用n表示。例如要调查某市高校2018年毕业生对就业满意度的情况，从众多毕业生中抽取600名同学作为调查对象，则此调查中样本容量n＝600。

总体和样本，是整体和部分的关系。总体是具体统计研究内容的对象，因此它是唯一且确定的；而样本则是建立在随机原则基础上抽取的，因此不同抽样，都会选出不同的结果，所以它是变动且不确定的。例如调查某市高校2018年毕业生对就业满意度的情况，总体为某市2018届全部毕业生，总数和人员是确定且唯一的，而不同抽样选取方法会选出不同的样本和样本容量，故样本是变动且不确定的。

二、总体参数和样本统计量

（一）总体参数

总体参数是根据总体中各单位的标志值计算出来的总体指标。用来反映总体数量方面特征的指标均为总体参数，如总体标准差、方差和总体平均数等。统计工作中调查总体一旦确定，总体参数即可确定，但是在抽样调查中，因无法准备获得总体中所有总体单位的标志值，故总体参数无法精确计算，因此需利用样本中指标来推断总体情况。

对于总体中的数量标志，常用的总体参数有总体标准差δ（或总体方差δ^2）和总体平均数$\overline{X}$，其计算公式如下：

$$\delta = \sqrt{\frac{\sum(X-\overline{X})^2}{N}} = \sqrt{\frac{\sum(X-\overline{X})^2F}{\sum F}}$$

$$\overline{X} = \frac{\sum X}{N} = \sum XF/\sum F$$

对于总体中的质量标志，常用的总体参数有总体成数和总体成数标准差（方差）来表示，总体成数某种性质的单位数在总体全部单位数中所占的比重。即 p =（n1/n），则总体中不具有某种性质的单位数在总体中所占的比重为：q = 1 - p

如果品质标志有是非两种标志，将是定义为“1”；非定义为“0”。成数的标准差的计算公式为：

$$\delta = \sqrt{P(1-P)}$$

（二）样本统计量

根据样本中各单位标志值或标志属性计算出来的（样本指标），以反映样本数量特征的指标被称为样本统计量。

常用的样本统计量有：样本平均数、样本标准差、样本成数 p、样本成数标准差。样本统计量可以用来估计总体参数，其内容和计算方式与总体参数一致的，但有本质区别。总体参数是总体的实际数据，是唯一确定不变的。而因抽样中不同样本被抽取是随机的，故样本统计量也是随机的。但在具体样本被确定后，此样本统计量即可确定并计算出具体数值。

例如在河南省 2017 年居民人均可支配收入的调查中，河南省全部居民的人均可支配收入（平均数）为总体参数，此数据唯一且为固定值，但却很难获得。通过抽样调查得出样本中河南省部分居民人均可支配收入水平为 20170 元，是样本确定后计算出的样本统计量。此样本统计量可以推断出河南省 2017 年全部居民人均可支配收入水平。

三、抽样误差的概念

由于抽样中选取的样本何难保证其结构与总体的结构完全一致，故不可避免会使样本指标与总体指标存在一定差异，使得抽样结果产生一定的误差。此类误差被称为抽样误差。抽样误差具体内容的讲解将在任务四中展开。

四、置信度

抽样误差是一个随机变量，随机变量的取值总是与一定的概率 P 相联系，抽样估计时，我们可以设置一个误差可能范围，但要使抽样调查结果一定符合误差在这个极限误差范围内，却并非能够实现。所以要保证误差不超过这个范围的，只能给一定程度的概率保证程度。抽样估计置信度就是表明抽样指标和总体指标的误差不超过一定范围的概率保证程度，称之为置信概率或置信度，是一个关于概率度 t 的函数。

一般在其他条件不变情况下，概率 P 与极限误差 Δ 关系如下：

规定的 Δ（极限误差）越大，抽样的把握程度越大；

反之，规定的 Δ（极限误差）越小，抽样的把握程度越小；

即 P 与 Δ 之间是正方向变化（P 与 Δ 之间存在一种函数关系），此部分内容将在任务四中展开叙述。

任务三　抽样推断的组织方式

【任务介绍】

◇　简单随机抽样
◇　分层抽样
◇　等距抽样
◇　整群抽样

【任务目标】

◇　了解抽样推断四种重要的组织方式
◇　能区分各组织方式的特点
◇　掌握抽样组织方式的适用条件

【任务导入】

《文学文摘》与抽样调查

20 世纪 30 年代，《文学文摘》（Literary Digest）是美国颇有名气的刊物，在 1936 年美国总统选举前，该杂志的工作人员做了一项民意测验。调查当时任堪萨斯州州长兰顿（共和党派）和当时总统罗斯福（民主党派）谁将当选下一届总统，调查者通过电话簿和车辆登记簿上的名单给一大批民众发了调查表（注意在 1936 年电话和汽车只有少数富人拥有）。通过分析收回的调查表，显示兰顿非常受欢迎，于是此杂志预测兰顿将在选举中获胜。这与当时很多媒体和政治观察家预测的罗斯福会连任的测验恰好相反。很快公选结果公布，罗斯福以 62% 的民众支持率获得压倒性胜利，而兰顿选票仅为 38%。由于此次测验的重大失误，《文学文摘》不久后即宣布破产。

【任务分析】

思考：为何如此权威的刊物会有这样的失误？

总结：《文学文摘》此项调查采用的是抽样调查，但是其选取的样本为拥有电话或汽车的富人，此类人群在当时美国民众中占比较少，且政治上多为保守的支持共和党的选民，而人数较多的贫困阶层因调查难度大而未成为调查样本的一部分，因此此调查样本缺乏代表性，并未反映出当时经济大萧条背景下，贫困阶层对罗斯福新政的支持，故此调查结果误差较大。

抽样推断在具体操作时要选择合适合理的样本，以提高对总体的代表性，使抽样误差控制在较小范围内。实际运用中，不同的抽样推断组织方式的误差不同且适用于不同情况，接下来大家就一起来了解下抽样推断的具体组织方式吧。

【知识准备】

抽样调查时，根据统计研究的目的和研究对象的不同，需要对抽样的程序和方法进行适当的设计和安排，此环节中涉及抽样的不同实施形式被称为抽样的组织形式。抽样调查常用的组织形式有简单随机抽样、分层抽样、等距抽样、整群抽样、多阶段抽样等。在统计实践中，抽样调查所采用的方法通常是这些方法不同种形式的组合。

（一）简单随机抽样

简单随机抽样也被称为单纯随机抽样。指对总体不进行任何分组分类等处理，直接从总体中抽取指定容量的简单随机样本。此方法中每个总体单位被抽到的概率相同。如对某高校2000 名毕业生中抽取 200 名进行就业情况统计中，2000 名毕业生被抽到的概率相同。

根据具体操作方式的不同，简单随机抽样又可分为重复抽样和不重复抽样。

1. 重复抽样。

又称为重置抽样或放回抽样，指在总体中抽出一个单位，登记结果后又重新放回，参加下一次抽选，抽取的样本可能值为 N^n。

2. 不重复抽样。

又称为不重置抽样或不放回抽样，即每次从总体中抽取一个单位登记后，不再放回参加下一次抽选，其抽取的全部可能的样本个数为 PN^n。

简单随机抽样是抽样调查组织形式中最简单的方法，同时也是其他抽样方法的基础。当总体中单位数总量 N 不太大时实施并不困难。但是当 N 很大时实施就很困难，编制一个包含全部抽样单元的抽样框实施难度较大。且当 N 很大时抽到的样本单元往往很分散，使调查极不方便。因此当抽样调查规模较大时，很少单独采用简单随机抽样。

（二）分层抽样

分层抽样又被称为类型抽样，是将总体按照某一标志进行分层，并在各层中按照随机原则抽取样本单位的组织方式。

通过分层，把总体中标志值较为接近的单位归为一层，同层内各单位间的差异程度较小，分布比较均匀。各分层均抽取样本单位，使样本分布更为接近总体分布，从而提高了样本的代表性。此抽样方式适用于总体中各单位差异较大时，可以大大提高估计的精准度。

根据分层后各组抽取单位数比例的不同，将分层抽样分为等比例分层抽样和不等比例分层抽样。

1. 分层后在各层中按照相同比例抽取样本数，不考虑各层中标志变异程度的大小，按各层中的单位数占总体的的比重抽取样本数目。例如对某高校大学生体育运动情况按性别进行分层抽样，男女抽取人数均为各层的10%，则成为等比例抽样。

2. 考虑到不同层中单位数差别较大或标志变异程度不同，各层按不同比例抽取样本数。例如对某高校大学生体育运动情况按性别进行分层抽样，若该校为财经类院校，男女比例差别悬殊，则女生组中抽取样本比例要适当高于男生组，以保证样本结构更符合总体结构。

（三）等距抽样

等距抽样又被称为机械抽样或系统抽样，即先将总体中各单位按某一标志排序，然后以相等的间隔抽取样本单位的一种组织方式。

例如对某高校学生消费情况进行调查，该校共10000名学生。从中抽取10%（1000名）进行调查。首先，对着10000名学生先按一定标志进行排序（可以按专业、学号、姓氏笔画、入学成绩等），然后按照10%的比例也就是10名学生中抽取1名学生，即间隔是10。若第一个间隔内（1～10号）选中了3号，则第二个间隔内应选（3+10=13）13号，以此类推，直至选够1000名为止。

此方式能确保将样本均匀的分布在总体中，从而提高了样本的代表性。目前，我国在农村经济抽样调查、城市住户抽样调查、人口抽样调查和产品质量抽样检验等方面广泛地采用了等距抽样。

对总体中各单位进行排序时，根据标志类型的不同，等距抽样可细分为无关标志排序和有关标志排序。

1. 无关标志排序法。

对总体排序时所依据的标志不是所要调查的标志，或者跟所要调查的标志无关或基本无关。上例中研究某高校学生消费状况时对学生总体按照学号、入学成绩等进行排序就是无关标志排序法。

2. 有关标志排序法。

对总体排序时所依据的标志是所要调查的标志，或与所要调查的标志有一定关系。例如研究总体学生学习成绩时，对总体学生按照入学成绩进行的排序；研究职工家庭生活水平时，对职工按照工资水平的高低进行的排序等。

（四）整群抽样

整群抽样也称分群抽样或集团抽样，是将总体划分为若干群，以群为单位按随机原则抽取某几个群，对选中群的所有单位进行全面调查的抽样组织方式，整群抽样采用不重复抽样。整群抽样的群，主要是自然形成的，如行政区域、地理区域等。如对某市居民的月收入进行调查，采用整群抽样，就可以按行政区划分为不同街道，然后随机抽取一些街道，进行全面调查。

整群抽样中群与群之间差异度不同会使抽样的可靠度不同。若群与群间的差异较小而抽取的样本群较多时，抽样误差就小；如果群与群间的差异较大，而抽取的样本群较少时，抽样误差就较大。

（五）多阶段抽样

上述几种抽样方式均是对总体进行一次抽样就产生了样本的抽样方式，均被单阶段抽样。而在实际中，总体包括的单位数很多，分布很广且复杂，基本上很难通过一次抽样就得到比较完美的样本。因此可以借助多阶段抽样方法。

多阶段抽样是先将整个抽样过程分为几个阶段，然后逐阶段进行抽样，最终得到所需要的有代表性的样本。例如对我国城乡居民家庭收支情况进行调查，第一阶段可以先抽取调查城市和乡镇，第二阶段再从这些城市和乡镇中抽选住户，调查每户的月收支情况。

我国各省农业生产产量调查即采用了多阶段抽样调查，先从省中抽县，再从选中的县抽乡，再从选中的乡抽村，再从选中的村中抽地块，最后从选中的地块中抽取小面积的样本单位。

任务四　认识抽样误差

【任务介绍】

◇ 抽样误差的分类
◇ 抽样误差的影响因素
◇ 抽样误差的计算

【任务目标】

◇ 了解抽样误差产生的原因
◇ 能独立分析抽样误差的影响因素
◇ 掌握抽样平均误差和极限误差的计算方法

【任务导入】

阳光小组成员在进行某高校学生成绩变动的调查前达成一致意见，认为采用抽样调查误差不可避免，但是通过样本数的增多可以尽量减少误差，故在时间允许范围内样本数越多越好。但是有两个疑惑：

1. 抽样误差能不能具体量化，有没有什么方法能控制误差范围？

2. 样本数量上限不定，可以越多越好，那样本数的下限是多少呢？调查多少学生成绩情况，即可以对总体成绩进行估计呢？

【任务分析】

通过任务四和任务五的学习，我们可以掌握抽样误差的计算和误差范围控制的方法，同时在对数据有不同可靠程度要求的前提下，我们可以通过数据的计算得出样本单位数最少应该控制在多少。从而保证统计调查在采用抽样推断方法下的精准度。

【知识准备】

一、抽样误差分类

根据误差产生的原因及表现不同，抽样误差分为登记性误差和代表性误差。

（一）登记性误差

登记性误差是指在实际调查过程中，由于测量、登记、计算上的差错引起的误差，这类误差可以避免。

（二）代表性误差

因抽样中样本的代表性不足所引起的误差，具体分为两种情况：

1. 系统性误差。在抽样过程中，由于工作人员主观因素的干扰，未按随机原则取样，破坏了随机原则从而造成的误差。此类误差可以避免。

2. 随机误差。抽样过程中虽然严格按照随机原则抽样，但抽样获取的样本结构与总体结构差异较大，从而产生样本统计量与总体参数之间的差异。此类差异是抽样推断固有的，无法避免，但可以通过事先的计算控制误差的范围。通常我们所说的抽样误差就是随机误差。

二、抽样误差的影响因素

1. 样本的个数。

其他条件不变的情况下，样本数越多，抽样误差越小，反之抽样误差越大。

2. 总体变异程度。

总体各单位标志值的差异程度越大，抽样误差越大，反之越小。

3. 抽样方法。

不同抽样方法误差对比不同，重复抽样误差大于不重复抽样的抽样误差。

4. 抽样调查组织形式。

不同抽样调查组织形式误差不同，相对而言，分层抽样和等距抽样误差较小，而简单随机抽样和整群抽样误差较大。

三、抽样误差的分类及计算

（一）抽样平均误差

反映抽样误差一般水平的指标，通常用抽样平均数的标准差或抽样成数的标准差作为衡量误差一般水平的尺度。

1. 抽样平均数的平均误差。

（1）在重复抽样条件下，抽样平均数的平均误差，即：

$$\mu_{\bar{x}} = \frac{\delta}{\sqrt{n}}$$

（2）在不重复条件下，平均误差为：$\mu_{\bar{x}} = \frac{\delta}{\sqrt{n}}\sqrt{\frac{N-n}{N-1}}$

2. 抽样成数的平均误差。

成数又称为比例，当一个总体中所有单位标志表现只有两种情况时，例如性别，只有男和女两种；产品合格情况，只有合格和不合格，其中某种标志表现的单位数占总体全部单位数的比例称为总体成数，记为 P；相应的，样本中具有某种标志表现的单位数占样本全部单位数的比例称为样本成数，记为 p。样本中具有另一标志表现的单位数占总样本数的比例即为 1 − p。则抽样成数的平均误差为：

（1）重复抽样条件下 $\mu_p = \frac{\delta}{\sqrt{n}} = \sqrt{\frac{p(1-p)}{n}}$

（2）不重复抽样条件下 $\mu_p = \frac{\delta}{\sqrt{n}}\sqrt{\frac{N-n}{N-1}}$（$\delta = p(1-p)$）

例题：某乡水稻总面积 20000 亩，以不重复抽样方法从中随机抽取 400 亩实割实测得样本平均亩产 645 公斤，标准差 72.6 公斤。求其抽样平均误差。

解：因为采用的是不重复抽样方法，故适用公式 $\mu_{\bar{x}} = \frac{\delta}{\sqrt{n}}\sqrt{\frac{N-n}{N-1}}$

$$\mu_{\bar{x}} = \frac{\delta}{\sqrt{n}}\sqrt{\frac{N-n}{N-1}} = \frac{72.6}{\sqrt{400}}\sqrt{\frac{20000-400}{2000-1}} = 17.9\text{（公斤）}$$

3. 重复抽样和不重复抽样条件下抽样平均误差的区别。

从上面的计算公式可看到，在其他条件相同的情况下，重复抽样和不重复抽样仅差一个修正因子的平方根 $\sqrt{\frac{N-n}{N-1}}$。由于 $\sqrt{\frac{N-n}{N-1}} < 1$，所以不重复抽样的平均误差小于重复抽样的平均误差。

（二）抽样极限误差

1. 抽样极限误差概念。

样本指标与总体指标之间可允许的误差最大范围称为极限误差，即统计量与参数离差的最大范围，即：

$$\Delta_{\bar{x}} = |\bar{x} - \bar{X}|$$

$$\Delta_p = |p - P|$$

经变形可得：

$$|\bar{x} - \bar{X}| \leqslant \Delta x \Rightarrow \bar{x} - \Delta x \leqslant \bar{X} \leqslant \bar{x} + \Delta x$$

$$|p - P| \leqslant \Delta p \Rightarrow p - \Delta p \leqslant P \leqslant p + \Delta p$$

公式中，总体平均数和总体成数是未知的，需要我们用样本指标去估计，抽样极限误差的实际意义在于期望总体平均数 $\bar{X}$ 落在（$\bar{x} - \Delta x$，$\bar{x} + \Delta x$）范围内，总体成数 P 落在（p −

Δp，p + Δp）范围内。

2. 抽样极限误差的计算。

抽样极限误差在实际计算中，是以抽样平均误差的倍数来表示。这个倍数一般用 t 表示，我们称之为概率度，其公式为：

$\Delta_{\bar{x}} = t\mu_{\bar{x}}$

$\Delta_p = t\mu_p$

从抽样极限误差的公式我们可以看出，抽样极限误差 Δ、抽样平均误差 μ、概率度 t 三者之间存在着如下关系：

（1）在 μ 保持不变的情况下，增大 t 值，误差范围 Δ 也就随之扩大。这时估计的精确程度也就会下降。反之，要提高估计的精确度，就得缩小 t 值。

（2）在 t 保持不变的情况下，抽样平均误差 μ 缩小，则误差范围 Δ 就小，估计的精确度就高；反之，抽样平均误差 μ 增大，误差范围 Δ 就大，估计的精确度就低。

（3）当 t = 1 时，抽样极限误差等于抽样平均误差。

概率度 t 与概率（估计的把握程度、置信程度、可靠程度）有一定的函数关系，概率是概率度的函数，通常用 F（t）表示。在实际工作中，为了便于计算，t 值的大小可以通过概率表查找获得。表 7－1 中列出几个常用对应值：

表 7－1　　概率度 t 与概率置信程度 F(t) 间对应关系表

概率度 t	概率置信程度 F(t)
1	0.6827
1.64	0.9
1.96	0.95
2	0.9545
3	0.9973

例题：某企业生产某种产品的工人有 1000 人，采用不重复抽样从中随机抽取 100 人调查当日产量，得到他们的人均日产量为 126 件，标准差为 6.47 件，要求在 95% 的概率保证程度下，估计该厂全部工人的日平均产量和日总产量。（F（t）＝95%，t = 1.96）

则其抽样平均误差：

$$\mu_{\bar{x}} = \frac{\delta}{\sqrt{n}}\sqrt{\frac{N-n}{N-1}} = \frac{6.47}{\sqrt{100}}\sqrt{\frac{10000-100}{1000-1}} = 0.61\text{（件）}$$

概率度 t = 1.96

则抽样极限误差 $\Delta_{\bar{x}} = t\mu_{\bar{x}} = 1.96 \times 0.61 \approx 1.2$

则全部工人的日平均产量的上、下限：

$\bar{x} \pm \Delta_{\bar{x}} = (126 \pm 1.2) = (124.8 \sim 127.2)$ 件

日总产量的上、下限：

$N(\bar{x} - \Delta_{\bar{x}}) = 1000 \times (126 - 1.2) = 124800$（件）

$N(\bar{x} + \Delta_{\bar{x}}) = 1000 \times (126 + 1.2) = 127200$（件）

任务五　确定样本单位数

【任务介绍】

◇　确定样本单位数应考虑的因素
◇　样本单位数的计算

【任务目标】

◇　了解样本单位数在确定时的影响因素
◇　掌握确定样本单位数的计算公式
◇　能独立计算具体抽样任务中的最小样本单位数

【任务导入】及【任务分析】同任务四

【知识准备】

一、确定样本单位数应考虑的因素

（一）确定抽样数目的必要性

1. 认识允许有一定误差，在一定的允许误差的条件下，只需抽取一定的样本单位。抽取数过多，会造成浪费，抽取数过少，会使误差增大。

2. 抽样数目是影响抽样误差的重要因素。通过增加或减少抽样数目的方法可以控制抽样误差的大小。

（二）影响抽样数目的因素

1. 标志变异程度：变异程度较大，考虑多抽取一些，反之，少抽一些。

2. 抽样极限误差的大小：抽样极限误差小时，抽样单位数增多，反之，可少些。

3. 概率度的大小：概率度增加时要求可靠程度增高，抽样数要增多，反之，可少些。

4. 抽样组织方式和抽样方法：一般情况下，类型抽样与等距抽样比简单随机抽样和整群抽样检查的样本单位数少；不重复抽样比重复抽样少。

二、样本单位数的计算

（一）根据平均数抽样极限误差确定样本单位数

重复抽样下：$n=\frac{t^2\delta^2}{\Delta^2 x}$

不重复抽样下：$n=\frac{Nt^2\delta^2}{N\Delta^2 x+t^2\delta^2}$

（二）根据成数抽样极限误差确定样本单位数

重复抽样下：$n=\frac{t^2 p\ (1-p)}{\Delta p^2}$

不重复抽样下：$n=\frac{Nt^2 p\ (1-p)}{N\Delta p^2+t^2 p\ (1-p)}$

例题：从某年级学生中按简单随机抽样方式抽取40名学生，对公共理论课的考试成绩进行检查，得知其平均分数为78.75分，样本标准差为12.13分。试以95.45%的概率保证程度推断出全年级学生考试成绩的区间范围。如果其他条件不变，将允许误差缩小一半，应抽取多少名学生。

解：据题意知：$n=40$　$\bar{x}=78.75$　$\delta=12.13$　$F(t)=95.45\%$　$t=2$

（1）$u_{\bar{x}}=\frac{\delta}{\sqrt{n}}=\frac{12.13}{\sqrt{40}}=1.92$　　$\Delta_{\bar{x}}=t\times u_{\bar{x}}=2\times 1.92=3.84$

全年级学生考试成绩的区间范围为：$\bar{x}-\Delta x\leqslant\bar{X}\leqslant\bar{x}+\Delta x$

即 $78.75-3.84\leqslant\bar{X}\leqslant 78.75+3.84$　　得出　$74.91\leqslant\bar{X}\leqslant 82.59$

（2）将误差缩小一半，即抽样极限误差变为 $3.84/2=1.92$

则应抽取的学生数为 $n=\frac{t^2\delta^2}{\left(\frac{\Delta_{\bar{x}}}{2}\right)^2}=\frac{2^2\times(12.13)^2}{\left(\frac{3.84}{2}\right)^2}=160$（人）

项目八
认知相关分析与回归分析

众所周知，社会现象、自然现象和经济现象，很多都是相互联系、互相制约存在的。某一现象的存在和发展，往往影响其他现象的发生和发展。在社会统计中，经常涉及多个变量的统计观察，变量之间的变化可能彼此存在某种相关性，而相关分析和回归分析是研究和度量两个或两个以上变量之间关系的方法，相关分析是检验这些关系的密切程度和相关性走向，回归分析则以数学方式对变量之间的关系进行规模性测定，确立一个回归方程式，即经验公式。本项目通过相关分析和回归分析统计方法的学习，来认知、描述和模拟两个或两个以上变量之间的数量依存关系，以进行有效推算。

学习目标

1. 掌握相关关系、相关分析和回归分析的概念。
2. 掌握相关分析定性判断和相关系数。
3. 能够掌握一元线性回归方程的建立过程。
4. 能够实际操作相关分析、回归分析方法。

项目介绍

根据统计工作过程的顺序，“相关分析与回归分析法”这一阶段的项目可以分解为以下工作任务。

任务一 相关与回归分析的一般问题

任务二 相关分析法

任务三 回归分析法

任务一　相关与回归分析的一般问题

【任务介绍】

◇　介绍相关分析的概念和特点、内容
◇　介绍回归分析的概念和特点、内容

【任务目标】

◇　了解相关分析含义，理解相关关系的类别划分
◇　掌握相关分析和回归分析的区别及关系

【任务导入】

某调查公司为考察广告投入对公司销售额的影响，组建了阳光出行小组专门进行分析调查，出行小组随即选择了10家公司进行广告宣传和销售额数据的统计，并将统计结果做成了一个表格，即月广告投入和平均销售额数据相关表（表8－1）。

表8－1　　月广告投入费和平均销售额的相关表　　单位：万元

年广告费投入	月平均销售额
12.5	21.2
15.3	23.9
23.2	32.9
26.4	34.1
33.5	42.5
34.4	43.2
39.4	49
45.2	52.8
55.4	59.4
60.9	63.5

在搜集了以上数据后，阳光出行小队需要从中发现年广告费投入与月平均销售额是否存在一定的关系。

【任务分析】

阳光出行小组要想找出年广告费投入与月平均销售额到底是否相关、相关程度如何，能否找到一个数学形式来表现他们的相关性，首先需要对相关分析与回归分析到底是什么进行一个基本认知。

【知识准备】

一、相关关系的概念

现实世界中的各种现象之间相互联系、相互制约，相互依存，某些现象发生变化时，另一现象也随之发生变化。如商品价格的变化会刺激或抑制商品销售量的变化；劳动力成本的变化会对产品销售成本有直接的影响；人均收入的降低会影响对该企业产品的需求量等，研究这些现象之间的依存关系，找出它们之间的变化规律，就是对经搜集、整理过的统计数据进行数据分析，为科学统计提供依据。

现象间的依存关系依其是否确定，大致可以分成两种类型：一类是确定性关系，即函数关系，一类就是非确定性关系，也就是通常意义上的相关关系。

1. 函数关系。

函数关系是指现象之间是一种严格的确定性的依存关系。表现为某一现生变化另一现象也随之发生变化，而且有确定的值与之相对应，变量之间的关系可以用函数式来表达，比如圆的半径和圆面积之间存在的函数关系；速度一定的情况下，路程与时间之间的关系等。

2. 相关关系。

相关关系是客观现象之间确实存在，但数量上不严格对应的依存关系，是一种相关性不确定的相关关系。即两个现象之间存在的一种不确定的数量关系，在这种关系中，对于某一现象的每一数值，可以有另一现象的若干数值与之相对应。当一个现象数量发生变化时，另一个现象相应地发生数量上的变化，但现象之间的数量依存关系是不严格的、不确定的。例如成本的高低与利润的多少有密切关系，但某一确定的成本与相对应的利润却是不确定的。这是因为影响利润的因素除了成本外，还有价格、供求平衡、消费者者偏好等因素以及其他偶然因素。再如，生育率与人均 GDP 的关系也属于典型的相关关系：人均 GDP 高的国家生育率往往较低，但二者没有唯一确定的关系，这是因为除了经济因素外，生育水平还受教育水平、城市化水平以及不易测量的民族风俗、宗教和其他随机因素的共同影响。

由此可见，相关关系是反映现象之间确实存在的，但关系数值不确定的相互依存关系。这一概念表明了相关关系的特点：第一，相关关系是指现象之间确实存在的数量上的相互依存。第二，这种相互依存关系的具体值不确定。

相关关系和函数关系既有区别，又有联系。有些函数关系往往因为有观察或测量误差以及各种随机因素的干扰等，在实际中常常通过相关关系表现出来：而在研究相关关系时对其数量间的规律性了解得越深刻的时候，相关关系越有可能转化为函数关系或借助函数关系来表现。

二、相关关系种类

现象之间的相关关系从不同的角度分不同类型。

1. 按照相关变量的多少区分。

（1）单相关，又称一元相关，指两个变量之间的相关关系，比如广告费支出与产品销售量之间的相关关系。

（2）复相关，又称多元相关，指三个或三个以上变量之间的相关关系，比如商品销售额与居民收入、商品价格之间的相关关系。

2. 按照相关形式不同区分。

（1）线性相关，又称直线相关，指当一个变量变动时，另一变量也随之发生大致均等的变化，从图形上看，其观察数值的分布近似表现为一条直线。如图 8－1 所示。

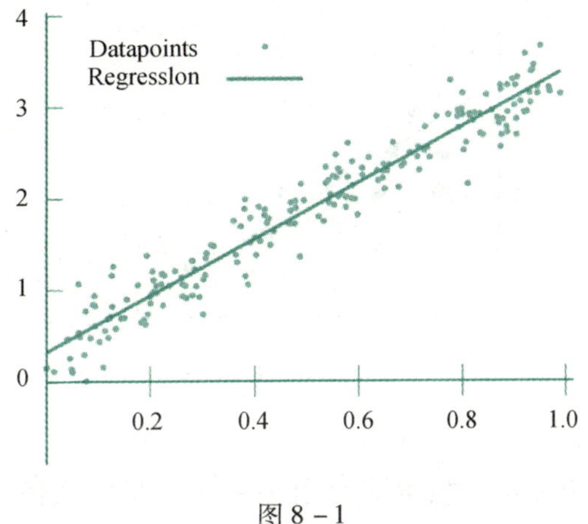

图 8－1

（2）非线性相关，又称曲线相关，指一个变量变化时，另一个变量也随之发生变化，但这种变化不是均等的，从图型上看，其观察数值的分布近似表现为一条曲线，如抛物线等。如图 8－2 所示。

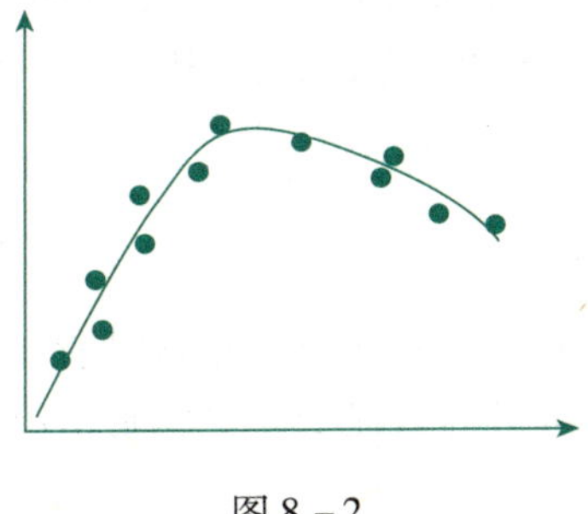

图 8－2

3. 按照相关变量变化的方向不同划分。

（1）正相关：两个变量的变化趋势相同，从散点图可以看出各点散布的位置是从左下角到右上角的区域，即一个变量的值由小变大时，另一个变量的值也由小变大。如图 8－3 所示。

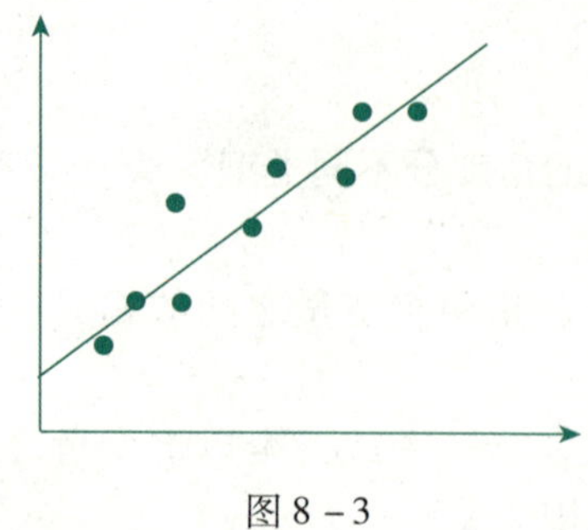

图 8－3

(2) 负相关：两个变量的变化趋势相反，从散点图可以看出各点散布的位置是从左上角到右下角的区域，即一个变量的值由小变大时，另一个变量的值由大变小。如图 8－4 所示。

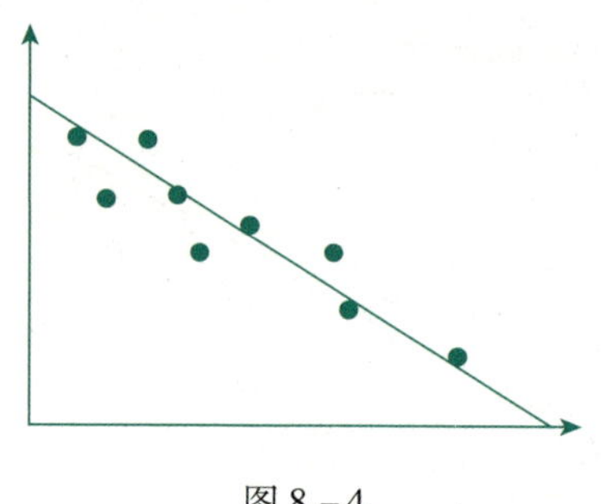

图 8－4

4. 按照相关程度划分。

(1) 完全相关，当一个变量的数值完全由另一个变量的数值变化所确定时，两者之间为完全相关，比如在价格不变的情况下，销售额与销售量之间的正比例函数关系即为完全相关。

(2) 不相关，即零相关，当变量之间互不影响，其数量变化各自独立时，变量之间的关系为不相关。比如股票价格的高低与气温的高低是不相关的。

(3) 不完全相关，指两个变量之间的关系介于完全相关和不相关之间。由于完全相关和不相关的数量关系分别是确定的和相互独立的，因此统计学中相关分主要研究的是不完全相关这类。

三、相关关系的内容

相关关系的内容是定性与定量分析相结合，正确选择变量，确定变量之间有无相关性，并确定相关关系的表现形式、方向与密切程度，也就是求出变量之间的相关系数。

四、回归分析的概念

相关分析中的相关系数只是从数量上说明在直线相关的条件下，变量之间相关关系的方向与密切程度，不能说明一个变量发生变化时，另一个变量到底发生多大的变动，而回归分析是对具有因果关系的影响因素（自变量）和预测对象（因变量）所进行的数理统计分析处理。只有当变量与因变量确实存在某种关系时，建立的回归方程才有意义。因此，作为自变量的因素与作为因变量的预测对象是否有关、相关程度如何，以及判断这种相关程度的把握性多大，就成为进行回归分析必须要解决的问题。

回归分析有不同类别，按照自变量个数不同，分一元回归和多元回归，其中一个自变量的叫一元回归，有两个或两个以上自变量的叫多元回归。按照回归曲线形态分直线回归和曲线回归。本项目主要讨论一元线性回归。

五、回归分析的内容

回归分析的主要内容和步骤是，首先根据理论和对问题的判断，确定哪个是自变量，哪个是因变量。其次，设法找出合适的数学方程式，即回归方程，来描述变量之间的关系。由于涉及的变量具有不确定性，还需要对回归模型进行统计检验，检验通过后，利用回归模型，根据自变量，去预测因变量。

六、回归分析与相关分析的关系

回归分析与相关分析是互相补充、相互联系的。相关分析是回归分析的基础和前提，回归分析是相关分析的深化。相关分析需要回归分析来表现变量之间的数量相关关系，回归分析则需要相关分析来表现变量之间的数量变化的相关程度。只有当变量之间存在高度相关时，进行回归分析寻找其具体的数学形式才有意义。也就是说，必须首先对变量之间是否相关以及相关程度如何进行初步分析，才可以进行回归分析，否则很容易造成虚假回归。

两种分析的区别体现在：

（1）相关分析中，涉及的变量不存在自变量和因变量的区分问题，变量关系不存在因果关系，而是平等的。而在回归分析中，必须首先明确自变量、因变量，变量关系不对等。

（2）相关分析中，变量都是随机的。而在回归分析中，自变量是给定的，因变量是随机的，且因变量的估计值不是唯一确定的，有一定的随机波动性。

（3）相关分析主要通过相关系数这一指标来反映变量之间相关程度的大小，相关系数是唯一确定的。而在回归分析中，可能存在多个回归方程。

任务二　相关分析法

【任务介绍】

◇　介绍了相关分析法的定性分析

◇　介绍了相关分析法的定量分析

【任务目标】

◇ 进行相关分析的定性和定量的分析

◇ 了解相关分析中应注意的问题，掌握相关分析的主要方法

◇ 根据相关分析法能够将小组自己收集的资料进行整理，完成相关分析工作

【任务导入】

“阳光出行”小队在搞清了相关分析和回归分析的一般问题后，尝试着将收集的数据资料进行相关分析，以便找出该公司年广告费投入与月平均销售额是否存在一定的关系。

【任务分析】

要判断年广告费投入与月平均销售额之间有无相关关系，一是定性分析，二是定量分析。

【知识准备】

一、定性分析

定性分析是依据研究者的理论知识、专业知识和实践经验，对客观现象之间是否存在相关关系，以及何种相关关系进行判断，在定性认识的基础上，编制相关表、绘制相关图，以便形象直观地判断变量之间相关的方向、形态和大致的密切程度。

（一）相关表

相关表是一种统计表，是直接根据现象之间的数据资料，将变量的若干值从小到大排列，并将另一变量值与之对应的统计表。

案例学习：某商店有 10 名售货员，为研究售货员的工龄和日工资之间的关系，统计这 10 名售货员的工龄和日工资，编制成相关表（表 8－2）。

表 8－2　　某商店 10 名售货员的工龄和日工资的相关表

工龄（年）	日工资（元）
4	42
4	46
5	50
6	60
7	64

续表

工龄（年）	日工资（元）
8	68
8	74
9	72
9	80
10	84

从表 8－2 中可以初步看出，随着工龄的增加，日工资逐渐增加，两者之间存在一定的相关性。

（二）相关图

相关图又称散点图，是用直角坐标系的 x 轴代表自变量，y 轴代表因变量，将两个变量间相对应的数值用坐标点的形式描绘出来，用以表明相关点分布状况的图形。

根据表 8－2 的数据资料可以绘制相关图（图 8－5）。

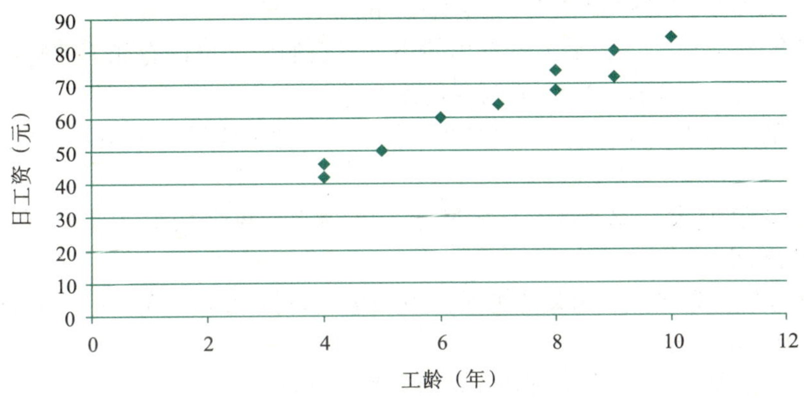

图 8－5　售货员工龄与日工资的相关图

从图 8－5 中可以直观看出，工龄和日工资之间相关密切，且有线性相关关系。

二、定量分析——相关系数

相关表和相关图可以直观的反映两个变量之间的相互关系及其相关方向，但无法确定表明两者之间相关的程度。相关系数是反映两个变量之间相关关系密切程度的统计指标。故在对变量进行定性分析后，还需要进行定量分析，也就是确定相关系数。相关系数按积差方法计算，同样以两变量与各自平均值的离差为基础，通过两个离差相乘来反映两变量之间相关程度；着重研究线性的单相关系数。

依据相关现象之间的不同特征，其统计指标的名称有所不同。如将反映两变量间线性相关关系的统计指标称为相关系数（相关系数的平方称为判定系数）；将反映两变量间曲线相关关系的统计指标称为非线性相关系数、非线性判定系数；将反映多元线性相关关系的统计指标称为复相关系数、复判定系数等。本项目只介绍线性相关系数。

相关系数用 r 表示，基本公式为：

$$r = \frac{\partial_{xy}^2}{\partial_x \partial_y}\sigma_X$$

$$r = \frac{\sum(x-\bar{x})(y-\bar{y})}{\sqrt{\sum(x-\bar{x})^2} \cdot \sqrt{\sum(y-\bar{y})^2}}$$

$$r = \frac{n\sum xy - \sum x \sum y}{\sqrt{n\sum x^2 - (\sum x)^2}\sqrt{n\sum y^2 - (\sum y)^2}}$$

∂_{xy}^2——变量数列 x、y 的协方差，$\partial_{xy}^2 = \frac{\sum(x-\bar{x})(y-\bar{y})}{n}$

σ_X——变量数列 x 的标准差，$\sigma_X = \sqrt{\frac{\sum(x-\bar{x})^2}{n}}$

σ_y——变量数列 y 的标准差，$\sigma_y = \sqrt{\frac{\sum(y-\bar{y})^2}{n}}$

如果有两个变量：X、Y，最终计算出的相关系数的含义可以有如下理解：

（1）当相关系数为 0 时，X 和 Y 两变量无关系。

（2）当 X 的值增大（减小），Y 值增大（减小），两个变量为正相关，相关系数在 0.00 与 1.00 之间。

（3）当 X 的值增大（减小），Y 值减小（增大），两个变量为负相关，相关系数在 -1.00与 0.00 之间。

相关系数的绝对值越大，相关性越强，相关系数越接近于 1 或 -1，相关度越强，相关系数越接近于 0，相关度越弱。

根据表 8-2 的数据，可计算相关系数如表 8-3 所示。

表 8-3　相关系数计算表

序号	工龄 x（年）	日工资 y（元）	X^2	Y^2	xy
1	4	42	16	1764	168
2	4	46	16	2116	184
3	5	50	25	2500	250
4	6	60	36	3600	360
5	7	64	49	4096	448
6	8	68	64	4624	544
7	8	74	64	5476	592
8	9	72	81	5184	648
9	9	80	81	6400	720
10	10	84	100	7056	840

任务实施

“阳光出行”小组成员根据任务情境提供的资料，按照相关分析的方法，将任务数据资料进行定性分析和定量分析。

操作示范

1. 定性分析——相关表的编制（见表 8－1）。

从表 8－1 中可以初步看出，随着年广告费的增加，月平均销售额逐渐增加，两者之间存在一定的相关性。

2. 定性分析——相关图的编制（见图 8－6）。

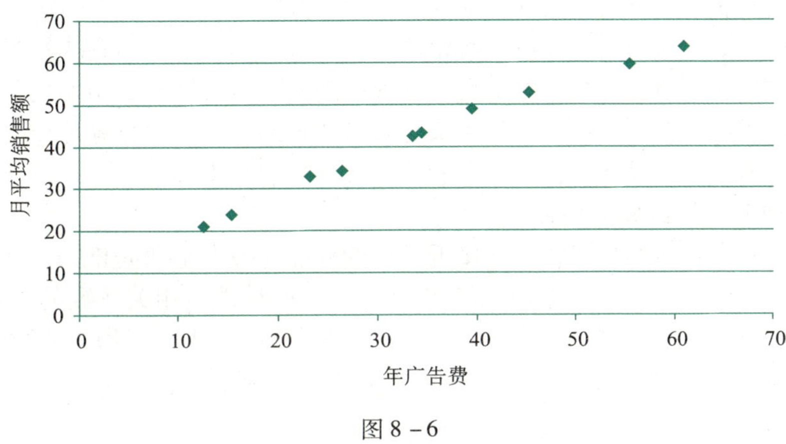

图 8－6

从图 8－6 中可以直观看出，年广告费和月平均销售额资之间相关密切，且有线性相关关系。

3. 定量分析——相关系数的确定（见表 8－4）。

表 8－4　相关系数计算表

序号	广告投入（万元）x	月均销售额（万元）y	x^2	y^2	xy
1	12.5	21.2	156.25	449.44	265.00
2	15.3	23.9	234.09	571.21	365.67
3	23.2	32.9	538.24	1082.41	763.28
4	26.4	34.1	696.96	1162.81	900.24
5	33.5	42.5	1122.25	1806.25	1423.75
6	34.4	43.2	1183.36	1866.24	1486.08
7	39.4	49.0	1552.36	2401.00	1930.60
8	45.2	52.8	2043.04	2787.84	2386.56
9	55.4	59.4	3069.16	3528.36	3290.76
10	60.9	63.5	3708.81	4032.25	3867.15
合计	346.2	422.5	14304.52	19687.81	16679.09

$$r = \frac{n\sum xy - \sum x \sum y}{\sqrt{n\sum x^2 - (\sum x)^2}\sqrt{n\sum y^2 - (\sum y)^2}}$$

$$= \frac{10 \times 16679.09 - 346.2 \times 422.5}{\sqrt{10 \times 14304.52 - 346.2^2}\sqrt{10 \times 19687.81 - 422.5^2}}$$

$$= 0.9942$$

通过上式计算可知，年广告投入费和月平均销售额之间的相关系数为0.9942。

三、相关分析应注意的问题

1. 相关系数不能解释两变量之间的因果关系。

相关系数只是表明两个变量间互相影响的程度和方向，它并不能说明两变量间是否有因果关系，以及何为因，何为果，即使是在相关系数非常大时，也并不意味着两变量间具有显著的因果关系。例如，根据一些人的研究，发现抽烟与学习成绩有负相关关系，但不能由此推断是抽烟导致了成绩差。再比如经济增长与人口增长相关，可是究竟是经济增长引起人口增长，还是人口增长引起经济增长呢？不能从相关系数中得出结论。

2. 相关系数容易导致虚假相关。

相关系数有一个明显的缺点，即它接近于1的程度与数据组数n相关，这容易给人一种假象。因为，当n较小时，相关系数的波动较大，对有些样本相关系数的绝对值易接近于1；当n较大时，相关系数的绝对值容易偏小。特别是当$n=2$时，相关系数的绝对值总为1。因此在样本容量n较小时，我们仅凭相关系数较大就判定变量x与y之间有密切的线性关系是不妥当的。

有时两变量之间并不存在相关关系，但却可能出现较高的相关系数。如存在另一个共同影响两变量的因素。在时间序列资料中往往就会出现这种情况，有人曾对教师薪金的提高和酒价的上涨作了相关分析，计算得到一个较大的相关系数，这是否表明教师薪金提高导致酒的消费量增加，从而导致酒价上涨呢？经分析，事实是由于经济繁荣导致教师薪金和酒价的上涨，而教师薪金增长和酒价之间并没有什么直接关系。

原因的混杂也可能导致错误的结论。如有人做过计算，发现：在美国，经济学学位越高的人，收入越低，笼统地计算学位与收入之间的相关系数会得到负值。但分别对大学、政府机构、企业各类别，计算学位与收入之间的相关系数得到的则是正值，即对同一行业而言，学位高，收入也高。

另外，注意不要在相关关系据以成立的数据范围以外，推论这种相关关系仍然保持。雨下得多，农作物长得好，在缺水地区，干旱季节雨是一种福音，但雨量太大，却可能损坏庄稼。又如，广告投入多，销售额上涨，利润增加，但盲目加大广告投入，却未必使销售额再增长，利润还可能减少。正相关达到某个极限，就可能变成负相关。说明仅凭r的计算值大小判断相关程度有一定的缺陷。

牛刀小试

下列现象之间的关系属于相关关系的有？

1. 播种量与粮食收获量之间的关系。
2. 圆半径与圆周长之间的关系。

3. 圆半径与圆面积之间的关系。
4. 单位产品成本与总成本之间的关系。

任务三　回归分析法

【任务介绍】

◇　一元线性回归分析方程的定义
◇　一元线性回归分析方程参数的确定
◇　估计标准误差的计算

【任务目标】

◇　了解一元线性回归分析方程的含义
◇　掌握一元线性回归分析方程参数的确定方法
◇　掌握估计标准误差的计算
◇　根据回归分析法能够将小组自己收集的资料进行整理，找出一元回归分析方程，并进行估计标准误差对的计算

【任务导入】

"阳光出行"小队在对该公司年广告费和月平均销售额进行相关性判定及相关系数计算后，发现两者之间具有线性相关关系，它们之间是否存在一个回归方程呢？接下来，他们开始思考如何进行回归方程的模拟。

【任务分析】

根据年广告费与月平均销售额之间高度的相关性和线性相关趋势，可尝试进行一元线性回归方程的模拟。

【知识准备】

一、一元线性回归方程

一元线性回归方程反映一个因变量与一个自变量之间的线性关系，当两个变量是完全线

性相关时，其关系可以表达方程式为：y = a + bx，这是一元线性方程的一般形式。其中，a、b 是待定参数，也就是需要根据实际资料求解的数值，a 为直线的截距，b 为直线的斜率，也称回归系数，表示自变量 x 每变动一个单位时，因变量 y 的平均变动量。只要 a、b 值一旦确定，这条直线也就唯一确定了。

经过相关分析后，在直角坐标系中将大量数据绘制成散点图，这些点不在一条直线上，但可以从中找到一条合适的直线，使各散点到这条直线的纵向距离之和最小，这条直线就是回归直线，这条直线的方程叫作直线回归方程。

二、参数的最小二乘法估计

在根据样本资料确定样本回归方程时，一般总是希望 y 的估计值 $\hat{y}$ 从整体看尽可能地接近其观测值。也就是说，用这条直线来代表 y 和 x 的关系，它和实际数据的误差比任何其他直线都小。

最小二乘法（又称最小平方法）是一种数学优化技术。它通过最小化误差的平方和寻找数据的最佳函数匹配，也就是说这条直线与实际测定的所有相关点的距离平方和最小，即 $Q = \sum(y - \hat{y})^2$ 为最小值。通过使得 $Q = \sum(y - \hat{y})^2 = \sum(y - a - bx)^2$ 为最小值来确定 a、b 的方法。

要使 Q 为最小值，就要用数学中对二元函数求极值的原理，求 Q 关于 a、b 的偏导数，并令其为 0，整理得出直线回归方程中求解参数 a、b 的标准方程组为：

$$\begin{cases} \sum y = na + b\sum x \\ \sum xy = a\sum x + b\sum \end{cases}$$

解方程组得：

$$\begin{cases} a = \bar{y} - b\bar{x} = \dfrac{\sum y}{n} - b\dfrac{\sum x}{n} \\ b = \dfrac{\sum(x - \bar{x})(y - \bar{y})}{\sum(x - \bar{x})^2} = \dfrac{n\sum xy - \sum x\sum y}{n\sum x^2 - (\sum x)^2} \end{cases}$$

案例：

某地高校教育经费 x 与高校学生人数 y 连续六年的资料为表 8 -5、表 8 -6，建立回归方程，并估计教育经费为 500 万元的时候，高校在校生人数。

表 8 -5　　某地高校教育经费与高校学生在校人数连续六年的数据

教育经费 x（万元）	在校学生人数 y（万人）
316	11
343	16
373	18
393	20
418	22
455	25

表 8－6　　回归分析计算表

	x	y	x^2	y^2	xy
	316	11	99856	121	3476
	343	16	117649	256	5488
	373	18	139129	324	6714
	393	20	154449	400	7860
	418	22	174724	484	9196
	455	25	207025	625	11375
合计	2298	112	892832	2210	44109

利用以上数据和公式，可计算出 $a = -17.9098$，$b = 0.0955$

故回归方程为：$y = -17.9098 + 0.0955x$。

利用直线回归方程进行预测，所以当教育经费为500 万元时，预测在校人数是 $y = 29.84$ 万元。

三、估计标准误差

估计标准误差的是用来说明回归方程代表性大小的统计分析指标。如果估计标准误差越小，表明回归方程估计的准确度越高，估计值的代表性越大；如果估计标准误差越大，表明回归方程估计的准确度越低，估计值的代表性越小。

1. 定义公式。

定义公式是实际值和估计值之间离差平方的算数平均数的平方根，反映了实际值和估计值之间的平均离差程度。其计算公式为：

$$S_y = \sqrt{\frac{\sum (y - y_c)^2}{n - 2}}$$

式中，S_y 为估计标准误差，$n-2$ 为自由度，因在一元线性回归方程中，计算了 a、b 两个参数，即失去了两个自由度。

2. 简化公式。

简化公式是根据回归直线方程中的参数 a 、b 计算的，特点是能与回归分析中的数据资料相结合，其表现为：

$$S_y = \sqrt{\frac{\sum y^2 - a\sum y - b\sum xy}{n - 2}}$$

以表中的资料计算回归估计标准误差，$S_y = 0.9338$。可见该案例中的估计标准误差较小，说明一元回归方程具有代表性，当教育经费为500 万元的时候，估计的在校学生人数离实际数值相差不大，具有代表性。

四、回归分析中应注意的问题

在回归分析中，要对回归模型计算出来的参数的有效性进行显著性检验，以明确回归预测的有效性。检验中，如果发现回归系数的数值没有显著意义，或者某些自变量之间存在多重共线性，具有这种情况的自变量应该从回归方程中剔除，以保证回归预测的有效性和准确性。关于参数的检验方法，本项目不作介绍，不要求掌握。

任务实施

“阳光出行”小组成员根据任务情境提供的资料，在相关分析的基础上，按照回归分析的方法，将任务数据资料进行一元回归方程的建立。

操作示范

1. 一元回归方程表示为：$y = a + bx$

2. 参数 a 、b 的计算（见表 8－7）。

表 8－7　　直线回归模型相关资料计算表

序号	广告投入（万元）x	月均销售额（万元）y	x^2	y^2	xy
1	12.5	21.2	156.25	449.44	265.00
2	15.3	23.9	234.09	571.21	365.67
3	23.2	32.9	538.24	1082.41	763.28
4	26.4	34.1	696.96	1162.81	900.24
5	33.5	42.5	1122.25	1806.25	1423.75
6	34.4	43.2	1183.36	1866.24	1486.08
7	39.4	49	1552.36	2401	1930.6
8	45.2	52.8	2043.04	2787.84	2386.56
9	55.4	59.4	3069.16	3528.36	3290.76
10	60.9	63.5	3708.81	4032.25	3867.15
合计	346.2	422.5	14304.52	19687.81	16679.09

根据公式，计算得出 $a = 11.6148$　$b = 0.8849$，所以一元回归方程为 $y = 11.6148 + 0.8849x$。

3. 估计标准误差的计算。

$$S_y = \sqrt{\frac{\sum y^2 - a\sum y - b\sum xy}{n-2}}$$，代入数值，计算得出：

$$S_y = \sqrt{\frac{19687.81 - 11.6148 \times 422.5 - 0.8849 \times 16679.09}{8}} = \sqrt{\frac{21.2303}{8}}$$

$$= 1.629$$

1.629 的估计标准误差，说明本回归方程比较准确，具有较强的代表性。